"十三五"国家重点图书出版规划项目

21世纪海上丝绸之路与广东发展研究丛书（第2批）　　主编：张燕生　王义桅

21 Shiji Haishang Sichou zhi Lu
yu Guangdong Huizhan Fazhan

21世纪海上丝绸之路与广东会展发展

吴志才 著

·广州·

版权所有　翻印必究

图书在版编目（CIP）数据

21世纪海上丝绸之路与广东会展发展/吴志才著． —广州：中山大学出版社，2020.8

（21世纪海上丝绸之路与广东发展研究丛书·第2批/张燕生，王义桅主编）

ISBN 978-7-306-06819-4

Ⅰ.①21… Ⅱ.①吴… Ⅲ.①海上运输—丝绸之路—中国—21世纪 ②展览会—产业发展—研究—广东　Ⅳ.①K203 ②G245

中国版本图书馆CIP数据核字（2019）第293466号

出 版 人：	王天琪
策划编辑：	金继伟　徐　劲
责任编辑：	金继伟
封面设计：	林绵华
责任校对：	王　璞
责任技编：	缪永文
出版发行：	中山大学出版社
电　　话：	编辑部 020-84110771，84113349，84111997，84110779
	发行部 020-84111998，84111981，84111160
地　　址：	广州市新港西路135号
邮　　编：	510275　　传　真：020-84036565
网　　址：	http://www.zsup.com.cn　E-mail：zdcbs@mail.sysu.edu.cn
印 刷 者：	佛山市浩文彩色印刷有限公司
规　　格：	787mm×1092mm　1/16　18.5印张　280千字
版次印次：	2020年8月第1版　2020年8月第1次印刷
定　　价：	48.00元

如发现本书因印装质量影响阅读，请与出版社发行部联系调换

总序一

打开丛书，翻开一本本书稿，醒目的主题指引、鲜活的思想碰撞、深邃的智慧启迪、扑面而来的南国文采，深深吸引、打动和感染了我。"21世纪海上丝绸之路与广东发展研究丛书"是"十三五"国家重点图书出版规划项目、国家出版基金资助项目，第1批包括了《21世纪海上丝绸之路与广州发展》《21世纪海上丝绸之路与广州国际化大都市建设》《21世纪海上丝绸之路与广州离岸文化中心》《21世纪海上丝绸之路与广东自由贸易区》《21世纪海上丝绸之路与广东旅游发展》，第2批包括了《21世纪海上丝绸之路与广东国际贸易》《21世纪海上丝绸之路与广东海洋经济》《21世纪海上丝绸之路与广东会展发展》《21世纪海上丝绸之路与广东高等教育》《21世纪海上丝绸之路与广州国际航空枢纽》《21世纪海上丝绸之路与深圳科技产业创新》，涵盖了经济、社会、文化等不同主题。这是一套值得仔细阅读、慢慢品味和深入思考的好丛书，实在令人惊喜。

2018年是我国改革开放40周年。在人类社会的历史长河里，40年可谓弹指一挥间。然而，在中华民族数千年上下求索、连绵不息的文明史中，这40年则有着非同寻常的重大意义。在历史上，中华民族在大多数时期执行的都是开放包容的政策体系，由此创造了人类社会唯一没有中断的灿烂的中华文明。然而，作为历史片段的一项闭关锁国政策，再加上内部缺少变革活力和发展动力，最终造成了中华民族近代被动挨打的惨痛经历。习近平指出，人类社会发展的历史告诉我们，开放带来进步，封闭必然落后。中国开放的大门不会关闭，只会越开越大。这是中华民族从近代历史中汲取的惨痛教训,已凝练成中国人民永世难忘的集体记忆,成为推动中华儿女前赴后继勇于变革的强大动力。

习近平指出,古代丝绸之路打开了各国友好交往的新窗口,书写了人类发展进步的新篇章,"积淀了以和平合作、开放包容、互学互鉴、互利共赢为核心的丝路精神",这是人类文明的宝贵遗产。今天,我们要乘势而上、顺势而为,推动"一带一路"建设行稳致远,迈向更加美好的未来,将"一带一路"建成和平之路、繁荣之路、开放之路、创新之路、文明之路。①

历史之问:古代海上丝绸之路时期,广东海外贸易为什么长盛不衰?广东是中国2000多年来唯一一个海外贸易长盛不衰的地区。只是在宋元时期,泉州曾经超过广州成为中国最大的海外贸易地区。即便如此,那个时期以广州为核心的广东地区海外贸易也没有衰落。② 这套丛书的作者告诉我们,唐宋时期在广州居住的外国商人和侨民有十几万人,占广州居民的三成以上。广州在元朝已与众多国家和地区有贸易往来;在明朝成为我国朝贡贸易的第一大港;在清朝成为我国唯一的对外通商口岸,史称"一口通商";在19世纪中叶成为世界十大城市之一,是仅次于北京、伦敦、巴黎的世界性大城市。③

今日之问:广东作为21世纪海上丝绸之路最主要的始发地,未来仍能够引领国家海外贸易乘势而上、顺势而为、高质量发展吗?在新时代,广东站在了一个历史的新起点上,开始了现代化的新征程。无论是21世纪海上丝绸之路的建设,还是粤港澳大湾区世界级城市群的打造,

---

① 习近平:《携手推进"一带一路"建设——在"一带一路"国际合作高峰论坛开幕式上的演讲》,载《人民日报》2017年5月15日。
② 王先庆:《21世纪海上丝绸之路与广东自由贸易区》,中山大学出版社2018年版,第2页。
③ 姚宜:《21世纪海上丝绸之路与广州国际化大都市建设》,中山大学出版社2018年版,第26页。

推动高质量发展、建设现代化经济体系、解决不平衡不充分发展的矛盾都是新时代的新要求。习近平指出:"高质量发展,是能够很好满足人民日益增长的美好生活需要的发展,是体现新发展理念的发展,是创新成为第一动力、协调成为内生特点、绿色成为普遍形态、开放成为必由之路、共享成为根本目的的发展。"[①]

21世纪海上丝绸之路的相关经济体大多数是发展中国家。一方面,这些国家多是制度风险、政治风险、经济风险、市场风险和经营风险显著高发地区。越是艰险越向前,这是广东人的开放天性和独到本领。广东是我国第一侨乡,海外侨胞占全国的2/3,其中,在海上丝绸之路沿线东南亚国家的华侨占广东海外华侨人数的60%以上,因此,广东具有其他地区无可比拟的侨商优势。[②] 只要将广东人的特色与21世纪海上丝绸之路当地人的优势相结合,加上与在海上丝绸之路相关地区有百年以上从商经验的欧洲、北美、东北亚的企业、金融机构和社会组织开展全方位的国际合作,就能够取得双赢、多赢的结果。另一方面,21世纪海上丝绸之路相关经济体有着强烈的发展需要。广东可以聚焦于21世纪海上丝绸之路上的重点国家、重点地区、重点领域,开展双边、多边合作,尤其是推动第三方合作;基于共同合作意愿,推动交通、能源、电力、信息、通信基础设施建设、农业、先进制造业、服务业等领域的优势互补、互通互动、互利共赢的合作;通过构建21世纪海上丝绸之路建设的"项目群、产业链、经济区"等多种形式,打造利益共同体;通过最大限度发挥广东软实力优势,推动与21世纪海上丝绸之路相关经济体之间的人文交流、离岸文化、旅游休闲、社会民生、绿色发展等领域

[①] 中共中央宣传部:《习近平新时代中国特色社会主义思想学习纲要》,学习出版社、人民出版社2019年版,第112页。

[②] 秦学:《21世纪海上丝绸之路与广东旅游发展》,中山大学出版社2018年版,第10页。

的合作。

21世纪海上丝绸之路建设的定位是"我国今后相当长时期对外开放和对外合作的管总规划"[①],"本质上是通过提高有效供给来催生新的需求,实现世界经济再平衡"[②]。广东在推动21世纪海上丝绸之路全方位国际合作方面有着独特优势和社会责任。我们期待,这套丛书能够从全球经济、社会、人文等不同角度,推动社会各界关心、关注、关怀21世纪海上丝绸之路建设的方方面面,最大限度满足人民日益增长的美好生活需要,推动高质量发展,建设现代化的经济体系。同时,祝愿广东人民、全国人民、"一带一路"沿线各国人民乃至全世界人民在合作中生活得更加美好。

(张燕生,国家发展和改革委员会学术委员会委员,研究员、博士生导师,中国国际经济交流中心首席研究员)

---

① 中共中央文献研究室编:《习近平关于社会主义经济建设论述摘编》,中央文献出版社2017年版,第276页。

② 习近平:《让"一带一路"建设造福沿线各国人民》,见习近平著《论坚持推动构建人类命运共同体》,中央文献出版社2018年版,第357页。

"一带一路"建设是我国未来一段时期最重要的发展战略之一,对于世界有着深远的影响。围绕如何推进"一带一路"建设,很多专家学者高屋建瓴,从国家层面提出了合理化建议。各省份也在积极探讨如何融入和对接"一带一路",以期准确抓住经济社会发展新的战略机遇。在"21世纪海上丝绸之路"建设中,广东省无疑具有举足轻重、不可替代的作用。系统地研究"21世纪海上丝绸之路与广东发展",对作为我国改革开放前沿地、"海上丝绸之路"起点之一的广东省的未来发展具有极其重要的指导作用,对我国推进"一带一路"建设也将起到应有的促进作用。"21世纪海上丝绸之路与广东发展研究丛书"就是在这种背景下的及时之作。

广东作为改革开放的前沿地,在过去的40年里取得了辉煌的成就,为全国提供了重要的经验借鉴,也正在为"一带一路"沿线国家提供经济发展的样本。在建设"一带一路"的新历史时期,积极参与到国家的战略建设中,既是广东的机遇,也是广东的责任。广东地区的一批专家学者围绕国家的战略方向,结合广东地区发展的实际,从经济、文化、城市发展等角度,深入探讨"一带一路"建设带来的历史机遇,分析广东具有的优势,提出了一系列新观点、新思路和富有建设性的对策建议,在此基础上,汇集成为"21世纪海上丝绸之路与广东发展研究丛书",既有深远的学术价值,也有深刻的现实意义。

这套丛书的最大优点是把握住了国家战略与地方发展的互动。在我国当前的体制下,国家战略导向既是地方发展的重要机遇,也是各地许多已有研究成果的出发点。同时,各地在贯彻落实国家战略的过程中,形成各具特色的"走出去"模式,成为推进国家战略的有力支撑。广东由于其特殊地理位置和历史传统,在"一带一路"建设中,尤其是在21世纪海上丝绸之路的建设中,再次发挥着引领作用,甚至可以说在一定程度上影响着国家战略的实施效果。这套丛书对这种互动关系进行了深入阐发,具有较高的学术价值和指导意义。

作为"专题式系统研究之学术著作",这套丛书及时填补了"'一带一路'与区域发展"研究领域之空白,具有较高的史料价值。

这套丛书的鲜明特色是把握住了广东地方发展的实际与推进"一带一路"建设的优势。从国家层面来看,"一带一路"建设必须综合协调有序推进,但是从地方实践出发,必须扬长避短并形成区域优势。这套丛书的研究内容与广东地方实际结合得非常紧密,这也是广东最能发挥特长并在全国范围内形成示范的领域。相信这套丛书的出版,能助推广东再次成为改革开放的先锋,为全国各地贯彻落实"一带一路"倡议提供借鉴。

(王义桅,中国人民大学国际关系学院外交学教授、博士生导师,国际关系学博士)

　　溯至汉朝，随着一艘番舶悠悠驶入番禺港（广州港的前身），海上丝绸之路的序幕由此拉开。两千多年来，这条海上丝绸之路航线牵动着广东展贸经济与商贸文化的发展，在对外贸易、文化交流方面做出了卓越的贡献，促进了广东会展业的萌芽与发展。

　　广东会展业以海洋始。广东千年展都的历史推演，亦是广东的"下海史"。海上丝绸之路在不同历史发展阶段，发挥着不同的作用。早在两千年前，海上丝绸之路作为一条文明纽带，开始引领广东走向海洋文明。广袤深邃的大海犹如一扇窗口，吸引着来自世界的物质与精神文化精华，为广东带来了繁荣的商品贸易，同时造就了广东人开放包容、广纳天下的气度与胸怀，这都为广东会展业的萌芽奠定了基础；近现代海上丝绸之路则作为政治通道，引领广东人解放思想、敢为人先，率先带领国人登上世界的舞台；时至改革开放后，广东会展业通过多核心、差异化发展，逐渐形成具有影响力的会展集群，成为华南乃至全国同世界交流与合作的经济平台。

　　广东会展业因海而兴。在共建"一带一路"倡议背景下，广东应始终以敢闯敢试、敢为人先的勇气和魄力，走在全国前列，先行探索国际会展合作共同体的建设之道，以实现会展业的第三次腾飞。共商，是动力源泉，可带动多元化展贸圈层的构建；共建，是基础保障，可推动深层次合作圈层的构建；共享，是精神实质，可引领可持续多赢圈层的构建，最终将会展业打造成为新时代国际合作平台的重要支撑力量。

　　广东会展业的第三次腾飞已箭在弦上，需要广东在城市集聚力、服务力和智慧力三个方面予以提升，为会展业的可持续发展保驾护航。

广东会展业是"一带一路"建设历程中的重要见证者和践行者。本书意在"跳出"会展业本身,从纵向时间维度和横向空间维度,从自然、经济、社会、文化等不同角度剖析广东会展业发展的历史、现状与未来,旨在为广东会展业未来的发展指明方向,亦为共建"一带一路"倡议背景下研究城市会展业提供一个全新视角,促使会展业与"一带一路"建设同向同行,承载着我国乃至合作国家发展与繁荣的梦想,行稳,而致远。

第一章　文明纽带与广东会展二千年 / 1

第一节　古代海上丝绸之路演进 ………………………………… 3
　　一、秦代开启海外贸易 ………………………………………… 4
　　二、两汉两辟海外航线 ………………………………………… 5
　　三、唐代成就世界商港 ………………………………………… 7
　　四、宋元外商广聚广东 ………………………………………… 9
　　五、明清海禁渐失繁华 ………………………………………… 10

第二节　会展业萌芽期发展背景 ………………………………… 11
　　一、远离战乱政局稳定 ………………………………………… 11
　　二、文化基底多样杂陈 ………………………………………… 14
　　三、经济发展焕发生机 ………………………………………… 16
　　四、城市崛起优化环境 ………………………………………… 19

第三节　海洋文明催生会展萌芽 ………………………………… 23
　　一、展示贸易实践渐趋多元 …………………………………… 23
　　二、展示贸易分区日益专业 …………………………………… 31
　　三、展示贸易功能不断叠加 …………………………………… 33

第二章　政治通道与广东会展二百年 / 37

第一节　近现代海上丝绸之路发展历程 ………………………… 39
　　一、清初一口通商广州成宠儿 ………………………………… 40
　　二、清末海上丝绸之路蒙阴影 ………………………………… 42
　　三、民国时期广州打造世界港 ………………………………… 43

四、中华人民共和国成立初期对外贸易起步遇瓶颈 …………… 44
　第二节　会展业成熟期发展背景 ……………………………………… 44
　　一、政局多变跌宕起伏 …………………………………………… 45
　　二、粤商弄潮实业振兴 …………………………………………… 47
　　三、思潮迭起锐意变革 …………………………………………… 50
　第三节　行政主导引领会展发展 ……………………………………… 53
　　一、主体崛起从参与到主办 ……………………………………… 53
　　二、广货热潮催生近代展会 ……………………………………… 65
　　三、百届不衰广交会创先河 ……………………………………… 75
　　四、从展览到展业华丽转型 ……………………………………… 79

第三章　经济平台与广东会展四十年 / 93
　第一节　改革开放以来海上丝绸之路发展历程 ……………………… 95
　　一、改革开放迎来发展曙光 ……………………………………… 95
　　二、"一带一路"重振平台 ………………………………………… 96
　第二节　会展业腾飞期发展背景 ……………………………………… 98
　　一、政治驱动因素 ………………………………………………… 98
　　二、经济驱动因素 ………………………………………………… 99
　　三、文化驱动因素 ………………………………………………… 103
　第三节　市场活力助力会展腾飞 ……………………………………… 106
　　一、多方聚合创大会展系统 ……………………………………… 106
　　二、现代会展行业全面起步 ……………………………………… 117
　　三、行业基础配套助力发展 ……………………………………… 120
　　四、支撑系统成为重要力量 ……………………………………… 124
　　五、区域协同发展有所改善 ……………………………………… 127

第四章　共商：多元化展贸圈层构建 / 129
　第一节　会展项目无限化 ……………………………………………… 131

一、产业投资价值凸显 ……………………………………… 131
　　二、产业转型机遇升级 ……………………………………… 134
　　三、产业空间布局调整 ……………………………………… 135
第二节　市场贸易无障碍化 …………………………………… 136
　　一、市场新空间激发需求 …………………………………… 136
　　二、市场新主体异军突起 …………………………………… 139
　　三、市场贸易新方式出现 …………………………………… 140
第三节　利益价值集聚化 ……………………………………… 141
　　一、国际多边合作的桥梁 …………………………………… 141
　　二、参与产业合作的纽带 …………………………………… 142
　　三、企业品牌传播的窗口 …………………………………… 142

第五章　共建：深层次合作圈层构建 / 145

第一节　大会展，大产业 ……………………………………… 147
　　一、核心"经三角"内在提升 ……………………………… 148
　　二、支持性产业外在保障 …………………………………… 151
　　三、介入性产业烘托环境 …………………………………… 154
第二节　大背景，大环境 ……………………………………… 163
　　一、政府政策联通 …………………………………………… 163
　　二、行业规定接轨 …………………………………………… 166
　　三、人才国际化培养 ………………………………………… 168
第三节　大合作，大舞台 ……………………………………… 170
　　一、区域产业互动合作 ……………………………………… 170
　　二、跨区域产业集群合作 …………………………………… 179
　　三、国际会展共同体合作 …………………………………… 186

第六章　共享：可持续多赢圈层构建 / 199

第一节　展民共享 ……………………………………………… 201

一、创造经济收益，就业普惠于民……………………………………201
　　二、改进基础设施，完善公共服务……………………………………203
　　三、提升居民素质，塑造文明观念……………………………………204
第二节　展城共享……………………………………………………………205
　　一、创建城市品牌，提升城市形象……………………………………206
　　二、展示城市文化，铸就文化熔炉……………………………………208
　　三、改善城市治理，打造友好环境……………………………………210
第三节　产业共享……………………………………………………………212
　　一、加快产业升级，促进结构优化……………………………………213
　　二、引领产业发展，推动产业集聚……………………………………214
　　三、优化资源配置，延伸产业链条……………………………………216
　　四、发挥乘数效应，带动第三产业……………………………………217
第四节　展域共享……………………………………………………………219
　　一、延伸城市功能，扩大对外辐射……………………………………219
　　二、助推开放发展，对接世界市场……………………………………220

第七章　海上新空间的集聚力支撑 / 223

第一节　城市综合实力提升…………………………………………………225
　　一、拓宽城市区位辐射力………………………………………………225
　　二、提升城市综合承载力………………………………………………226
　　三、触发城市产业驱动力………………………………………………228
第二节　口岸流通能力强化…………………………………………………228
　　一、加强通关基础设施的建设…………………………………………229
　　二、建立完善的会展通检机制…………………………………………229
　　三、建立信息化的通关系统……………………………………………229
　　四、建立系统的会展物流网络…………………………………………230
第三节　交通运输体系升级…………………………………………………231
　　一、打造良好的交通运输环境…………………………………………231

二、建立可持续发展的综合运输系统……………………………… 231
　　三、优化交通运输网络结构…………………………………………… 232

第八章　海上新合作的服务力支撑 / 235

第一节　城市服务体系构建……………………………………………… 237
　　一、城市环境服务体系的衔接………………………………………… 237
　　二、城市会展服务体系的提升………………………………………… 239
　　三、城市智慧服务体系的构建………………………………………… 241

第二节　政府服务角色转型……………………………………………… 243
　　一、明确政府角色定位，优化管理体制……………………………… 243
　　二、完善政策实施措施，强化宏观调控……………………………… 245
　　三、完善市场管理制度，规范行业发展……………………………… 245

第三节　行业信息平台搭建……………………………………………… 247
　　一、加强行业贸易信息要素共享……………………………………… 247
　　二、建立会展资源整合管理机制……………………………………… 248
　　三、强化行业自律规范管理机制……………………………………… 248

第九章　海上新人文的智慧力支撑 / 251

第一节　创新会展人才供求匹配机制…………………………………… 253
　　一、政府：会展政策环境优化………………………………………… 253
　　二、高校：人才培养机制创新………………………………………… 255
　　三、行业：会展社会培训补位………………………………………… 258

第二节　提高会展企业管理水平………………………………………… 265
　　一、展会品牌的打造与营销…………………………………………… 266
　　二、组展管理的质量和视野…………………………………………… 266
　　三、企业品牌的建设与塑造…………………………………………… 268

第三节　打造智慧会展系统……………………………………………… 268
　　一、"互联网＋"再造传统会展业……………………………………… 269

二、"互联网+"实现商业模式创新 …………………………… 271

三、"互联网+"提升行业服务水平 …………………………… 272

后 记 / 274

第一章

文明纽带与广东会展二千年

广东走向海洋文明，海上丝绸之路如同文明的纽带，使广东成为接受海外文化的窗口。同时，丰富的物质商品的流入，亦激发了广东人最早的商品展示贸易意识。这一时期的广东汲取了丰富的外来文化精华，造就了其善贾重商、开放包容的文化基因，为后期会展业的发展打下了坚实的精神文化基础。

广东会展业的发展可以追溯至原始社会物物交换的初期。随着海上丝绸之路的发展与成熟，东西方物质商品与精神文明交汇融合，广东商品展示贸易规模扩大，逐步从物物交换拓展到商业贸易和精神文化领域，展示手段越来越丰富多样，展示支持行业如餐饮、住宿等应运而生，会展活动走向壮大。

第一节 古代海上丝绸之路演进

广东海上丝绸之路的发展可以追溯至秦汉时期。秦代灵渠的开凿打通了岭南地区与中原地区沟通联系的命脉，同时也使得广东特别是广州港在全国对外贸易的地位大大提升。此后，随着航海技术的提升，海上丝绸之路被打通，它就像一条文明的纽带连接海外，沟通着中国和世界。对外贸易的繁荣，为广东会展业的萌芽与发展奠定了良好的经济、文化和社会基础。广东古代海上丝绸之路发展历程如图1-1所示。

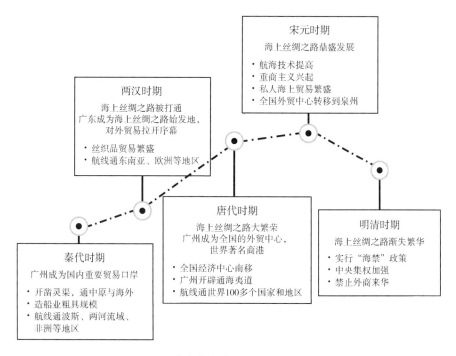

图1-1　广东古代海上丝绸之路发展历程

一、秦代开启海外贸易

秦汉时期，出于政治、军事、国家基础建设等原因，历任君王都十分重视交通要道的开辟。秦始皇时期修建灵渠，沟通珠江与长江水系；《后汉书·郑弘传》记载："建初八年，……弘奏开零陵、桂阳峤道，于是夷通，至今遂为常路"；《初学记》卷六引谢承《后汉书》也说到，"交趾七郡贡献，皆从涨海出入"。这些水路、陆路、海路渠道的开发，织就了一张商品贸易的网络，使岭南地区在相当长的历史时期内成为中国和印支半岛、东南亚各国的交通要冲，也为后来广州商贸的兴起创造了良好的区位条件。

由于秦汉时期我国处于空前统一的局面，地跨欧、亚、非三大洲的罗马帝国亦正在崛起，东、西两大帝国都积极开展对外联系，因而，为促进彼此之间的海上贸易，地处东南沿海的广州就成为海上丝绸之路的起点，广州的海外贸易得以迅速发展，当时广州已经拥有规模相当、技术水平很高的造船业。汉代以后，由于统治者十分重视对外贸易带来的巨大财富，作为国内重要贸易口岸，广州的商贸地位日益凸显。

秦代开凿的灵渠，把珠江水系与长江水系连接起来，通过这一水运通道，进行军粮辎重等物资的运输，成为古代两广地区沟通岭北和中原地区的重要路线。此外，当时还利用北江水系，中原地区南下物资先下长江，经赣江和湘江水系直达南岭以北，直到上游地区水运困难而舍舟求陆，翻越大庾岭山道进入北江支流浈水，或越骑田岭山道进入武水而汇于北江，再顺流而下，直抵古代海外贸易的重要港口——番禺（今广州）。

《汉书·地理志》记载："处近海，多犀、象、玳瑁、珠玑、银、铜、果、布之凑，中国往商贾者多取富焉。番禺，其一都会也。"南越王墓出土的具有波斯风格的银盒、两河流域工艺制作的金珠泡饰、非洲原支象牙等珍贵文物，都见证了当时以"番禺都会"（今广州）为中心的海上丝绸之路贸易盛况。汉代海上丝绸之路航线如图1-2所示。

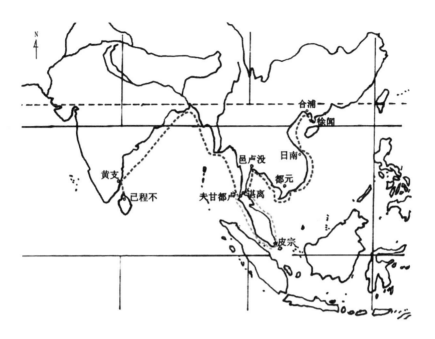

图1-2 汉代海上丝绸之路航线①

二、两汉两辟海外航线

广东作为当时南方地区的重要门户，出现具有严格意义上的、包含有进出口业务的海外贸易，应追溯至汉武帝元鼎六年（公元前111），汉朝平定南越后，将南越之地划分为九个郡，以合浦郡为起点，开拓了中国历史记载上第一条通往印度洋的远洋航线，史称"徐闻、合浦南海道"。《汉书·地理志》记载，其航线从徐闻（今广东徐闻县境内）、合浦（今广西合浦县境内）出发，经南海进入马来半岛、暹罗湾、孟加拉湾，到达印度半岛南部的黄支国和已程不国（今斯里兰卡）。这是目前可见的有关海上丝绸之路最早的文字记载。

---

① 熊昭明：《汉代海上丝绸之路合浦港的考古学探究》，见中国考古网（http://www.kaogu.cn/cn/xueshuyanjiu/yanjiuxinlun/bianjiangjizhongwai/2017/0508/58086.html）。

由此可见，印度半岛以东航线在西汉时已经开辟。据《后汉书·西域传》记载："桓帝延熹九年（166），大秦王安敦遣使自日南徼外献象牙、犀角、玳瑁，始乃一通焉。"这说明，中国与罗马是通过海路建立了直接联系，这条航线在西汉开拓的航线基础上通过了印度，把东西两段航线接通了，标志着贯通东西方的海上丝绸之路被打通，广东成为海上丝绸之路的始发地。此后，远至印度、罗马帝国的外国商人、使节，都沿着这条航路往来沿海地区，进入中国内地，正式拉开广东对外贸易的序幕。

【拓展阅读】

"海上丝绸之路"的由来

东汉时期，从岭南出发的海上航路延伸至世界各地。而前往大秦（罗马帝国）的航路，主要从中南半岛顺流而下，经过马六甲海峡进入印度洋，从印度洋进入阿拉伯海或红海，随后经陆路向西而行，进入地中海，最终抵达大秦。

中国与这条航路的沿途各国，包括西亚的安息（位于伊朗的古帕提亚帝国）、南亚的天竺（古印度国名）和已程不国（位于斯里兰卡的锡兰岛）、东南亚的都元国（位于马来半岛）、邑卢没国（位于缅甸）和谌离国（位于缅甸）等亦建立起贸易关系。

在这条航线上，中国的丝绸最受各国的青睐，据称在当时的大秦，最精美的丝绸与等重的黄金等值，因此手工精湛的丝绸为中国和世界各国架起了经济贸易和文化交流的桥梁，而这一条航路亦因此被赋予了一个美妙的名字——"海上丝绸之路"。

资料来源：金峰、冷东《广府商都》，暨南大学出版社2011年版。

其后，随着汉代种桑养蚕和纺织业的发展，丝织品成为这一时期的主要输出品。到了东汉时期，印度、大秦越来越多的商人直接来到广东进行贸易。《广东通志》记载："桓帝时，扶南之西，天竺、大秦等国皆由南海重译贡献，而番贾自此充斥于扬、粤矣。"中国与罗马等西方国家的海上贸易，一般以广州为终点，因此广州成了海上贸易之要冲。东汉桓帝时，广东到亚洲和欧洲国家的东西方贸易航线已经形成。

两汉时期版图扩张至今东南亚的部分地区，政府加强了海上丝绸之路沿海港口城市的管理，例如在今徐闻"置左右侯官，在县南七里，积货物于此，备其所求，与交易有利"，广东番禺、徐闻，广西合浦等成为重要的商业城市。东汉时期亚欧航线的形成，充分显示了汉朝的国际地位和世界影响力。广州作为始发港，具有中国对外贸易的先导作用，这为后来广州举办各类国际性贸易展会积累了先天资源和优势。

三、唐代成就世界商港

魏晋南北朝时期，中国的造船和航海技术得到很大的提高，船只可以穿过南海，避开南沙、西沙等岛礁。因此，广州的港口优势更加明显，逐渐成为中国对外贸易的中心。随着经济重心南移，中国与西方的交通从以陆路为主转向以海路为主，海上丝绸之路进入大发展时期。岭南重要的对外贸易港口从广东徐闻与广西合浦转移至广州番禺。

至唐代，海上丝绸之路进入了大繁荣阶段，广州的通海夷道成为广东乃至中国与外国商贸文化往来的"连接器"，除了以往的官方贸易和朝贡贸易之外，还出现了大量的私人贸易，广东的对外贸易如火如荼，为宋元时期对外贸易的繁荣发展奠定了基础。唐朝人贾耽撰写的《皇华四达记》中记录的"广州通海夷道"，记载了从广州港出发，前往东南亚、南亚和波斯湾沿岸、地中海沿岸以及东非等地，共计100多个国家和地区的航行线路。当时的广州已经成为全国的外贸中心、世界著名的商港，呈现出一幅"大舶参天""万舶争先"的图景。"连天浪静长鲸息，映日帆多宝舶来"，刘禹锡的诗将唐代广州作为国际贸易大都市的繁华盛况重现眼前。外国商人前来广州港较多的年份人数甚至达10万人。到五代十国时，尽管出现天下一片纷争的局面,但广东的对外贸易并未因此衰退。

为了更好地管理海外贸易,统治者越来越重视管理机构的设置。隋炀帝时设立"四方馆",掌管与外国商人进行贸易的具体事务。唐朝政府确立了一套全新的市舶管理制度和经营方式,总管海上和陆地的邦交贸易。广州是当时唯一一个设有市舶使的城市,市舶使的职责主要是掌管各国来华的朝贡事宜,接待从海上来的各国使节并且总管海路通商,包括检查、登记、征税以及放行等步骤,相当于我国现行的海关的职能。同时,在蕃坊设置蕃长自行管理该区域,保护外国侨商各自的风俗习惯、宗教信仰以及利益。

【拓展阅读】

中外文化贸易的"连接器":唐代"广州通海夷道"

"广州通海夷道"原指贾耽撰写的《皇华四达记》中记录的一条从广州出发去往阿拉伯地区的远洋航线,是我国远洋航线的代表。它越过斯里兰卡、印度,将航线的终点继续西移,连接起阿拉伯海域并最终到达红海及东非,是唐代有文字记载的最长的一条远洋航线。

广州港作为当时我国对外交通的一个标志性港口,以广州港为起点出发的远洋航线以西去为主。伴随着中外经济文化交流的需要以及航海技术的不断革新,"广州通海夷道"犹如一个连接器,将中国丝绸、瓷器等大宗商品送往海外,同时国外的各类香料、宝石、贵重木材、象牙、犀角、珊瑚、珍珠、葡萄酒等奇珍异宝,以及菠菜、水仙、郁金香、番石榴等外来植物也因此登陆广州,并传入中原。

"广州通道夷道"走向:广州—珠江口—屯门—海南岛—越南东南部—马来半岛—苏门答腊岛—爪哇—马六甲海峡—印度洋—斯里兰卡—印度半岛—波斯湾—非洲东海岸,是8世纪至9世纪世界上最长的远洋航线(见图1-3)。

图1-3 唐代广州通海夷道

资料来源：张凯一《"广州通海夷道"研究》，中国海洋大学2015年硕士学位论文。

四、宋元外商广聚广东

宋代的造船技术和航海技术较唐代又有明显提高，指南针被广泛应用于航海，中国商船的远航能力大为加强。更重要的是，宋代社会经济发展远超前代，私人海上贸易在政府鼓励下得到极大发展。伴随着海上丝绸之路的拓展，对外贸易成为宋元时期广东的关键词。特别是私人海上贸易的开放，为海外贸易注入活力，海上丝绸之路贸易进入鼎盛阶段。

宋沿唐制，把发展外贸作为基本国策，宋太祖开宝四年（971）在广州设立了第一个市舶司。北宋初年，宋太宗派遣使臣前往东南亚一带"勾招进奉"，邀请各国前来中国进行贸易活动。北宋元丰三年（1080）正式修订了世界历史上第一部贸易法规《广州市舶条法》。

元代是中国历史上开放对外口岸最多的朝代，根据《元史·食货志》

记载，元政府先后在广州、泉州、杭州、庆元（今浙江宁波）、温州、澉浦（今浙江海盐）和上海七处设立市舶司，且实行"官本船"办法。

元政府在经济上采用重商主义政策，鼓励海外贸易，海上丝绸之路进一步繁荣发展。由于蒙古军队骁勇无比、声名远播，也使众多外贸伙伴慕名而来，促使广东对外贸易又上了一个新的台阶。在元代，尽管全国外贸中心曾转移到泉州，但广州港仍不失为"蕃舶凑集之所，宝货丛聚"的重要贸易港口。黄埔古港（见图1-4）见证了广州海上丝绸之路的繁荣。

图1-4　广州黄埔古港遗址①

五、明清海禁渐失繁华

1368年，朱元璋建立明朝，随后逐步统一中国。明初实行"海禁"政策，禁止民间商人出海贸易。同时，严格限制海外国家与中国的交往，

---

①　广州黄埔古港遗址，见摄影部落（https://dp.pconline.com.cn/photo/list_581130.html）。

不许外国商人来华经商，仅仅允许十几个国家以"朝贡"的名义与中国进行官方往来。

放眼世界，15—18世纪正是人类历史上发生重大变革的时代。明朝政府组织了大规模的航海活动，郑和七下西洋，是15世纪初叶世界航海史上的空前壮举。欧洲人相继进行全球性海上扩张活动，地理大发现开启了"大航海时代"，开辟了世界性海洋贸易新时代。西人东来探寻东方古国的魅力，黄皮肤的中国人则对其来意警惕无比。中西文化的交流与冲突异常明显，广东则成为这场交锋的重要见证地。

清初，海禁政策比较宽松，仅限于不准私自出海，凡取得官府准许便可外贸。但随着后来中央集权加强，统治者对沿海政策做了转变，既不准许本国商人出海也不允许外商来华，闭关自守的统治政策，导致这一时期整体海外贸易急剧衰落，海上丝绸之路逐渐失去了昔日的繁华。

第二节　会展业萌芽期发展背景

广东自古以来远离战乱，政局相对稳定，为其经济的发展提供了稳定而滋润的沃土。作为"千年商都"，广东经济的繁荣还离不开"海上丝绸之路"，它犹如一条文明的纽带维系着中国与海外的贸易和交流。源远流长的海外贸易历史不但造就了广东人开放包容的性格，同时使广州更早地接触西方文明，为此后率先走出国门参加世界博览会、自办展览会等实践奠定了思想和经济基础。

一、远离战乱政局稳定

岭南地区由于有南岭的阻隔，受中原战乱和朝代更迭影响较小，政局相对稳定，吸引了大量中原地区逃难人群来此定居，使人烟稀少的南粤地区逐渐繁荣起来，于是逐渐形成了集市贸易等经济活动。同时，广东历史上没有因战乱而导致商品经济遭受严重破坏的情况，外商前来广东进行贸易，商品积压少、风险成本较小，因此更倾向于在广东进行商品贸易，因而广东成为持续繁荣的对外贸易窗口，早期会展业也随之成长起来，餐饮、住宿等配套行业持续发展。

（一）四海大一统平定岭南

六王毕，四海一。秦始皇统一中国，被后人称为"六王失国四海归"。秦朝实行郡县制，公元前214年，在岭南设置桂林郡、象郡、南海郡。南海郡治所设在番禺（今广州），在如今广州市中心地带的仓边路、中山四路一带筑城，称为"任嚣城"，以首任南海郡尉任嚣的名字命名。

秦朝是中国历史上第一个大一统王朝，此后，除了秦末汉初赵佗建立的以番禺（今广州）为王都的南越国（公元前204—公元前111）和五代十国时期的南汉国（917—971）两个独立政权外，岭南地区绝大部分时间均隶属于中原地区的中央封建政权。政权的统一使得岭南境内政局相对稳定，为广东政治、经济及文化的发展创造了良好的宏观环境，打开了广东数千年对外经济贸易的大门，为古代广东会展业的萌芽与发展提供了契机。

另外，秦始皇下令中原百姓大量迁徙"与越杂处"，进行互市贸易，让岭南地区与中原地区的交往日益密切，使得岭南地区逐步引入了中原地区的先进生产力与生产方式。此后，赵佗在建立南越国时扩建番禺城，历代君王93年间的苦心经营使岭南地区高速发展；他还鼓励南越百姓与汉人通婚，使岭南地区汉化的程度进一步加深。

汉高祖时期，赵佗接受汉朝的怀柔政策，臣服于汉朝，不仅每年向朝廷进贡，还在南越与汉的边境上互通市物，进行贸易往来。后来，汉武帝重新设置了郡县，并安排船队沿着航路出使东南亚和南亚的国家进行贸易。而统治者在开发岭南的过程中，无不以广州作为岭南政治、经济、文化的"心脏"进行统辖管理，这对于广州整体进步以及会展业的萌芽有极大的促进作用。

(二) 集权统治弱化压力小

魏晋南北朝在中国历史上是一个重要而特殊的时期,它在政治经济制度方面上承秦汉,下启隋唐,并因其政治和经济环境的特殊性而创立了众多的制度,具有鲜明的时代特征。这个时期各地割据,政治动乱,中央集权制有所弱化,使得政府对岭南地区的经济控制不如中原地区。

(三) 移民大潮促南北融通

秦始皇统一六国后,发动了统一岭南的战争。公元前214年,任嚣和赵佗带领50万大军南下,平定岭南后,在岭南地区设立南海、桂林、象三郡,今广西、广东地区纳入中央政权版图,成为中国统一多民族国家的一部分。赵佗建立南越国政权后,为缓和中原人与当地越人的矛盾,达到巩固政权的目的,推行"和辑百越"的政策,鼓励北方军队与当地百越族通婚,成为岭南地区的第一批移民。

汉武帝时期,南越国造反,汉武帝发兵平叛,在汉武帝平定南越国之后所设置的九郡之中,苍梧郡郡治在广信。其名取自"初开粤地,广布恩信"之意,所以这个地方就叫广信。广东、广西就是"广信之东""广信之西"的意思。广府文化得名于此,粤语就是在这期间产生的。这期间,除了大军驻扎落户外,还有许多因北方常年打仗而迁徙来的人口,成为第二批大规模移民。唐玄宗时期,丞相张九龄于大庾岭开凿梅关古道,梅关古道可通马车,成为北方与岭南的通道,因此又有移民通过此路来到岭南。

第三次移民潮,也是规模最大的一次,发生在宋代。北宋被金灭国,金入主中原不久,蒙古崛起,继续南下侵占中原,中原人不断南迁,大批移民经过梅关古道到了广东。这批移民除了中原人,还包括大量的江南人。南下的北方移民是岭南经济开发最重要的一支生力军,移民带来的先进生产工具和技术,促进了岭南地区农业和手工业的发展,岭南地区的社会经济与文化科技水平得到又一次腾飞。

中原地区战乱频起导致岭南地区先后迎来三次大规模的移民潮，中原地区先进的社会生产力被带到岭南地区，客观上促进了岭南地区特别是广东经济的发展，为广东会展业萌芽奠定了经济基础。同时，大量移民的涌入引起的南北文化的交流，也使岭南文化更加丰富多元，更具有包容性，为开展各类展示贸易活动注入了活力。

二、文化基底多样杂陈

一方面，岭南地区位于南方，受到中原王朝集权统治的影响相对较小，因此自古以来本根文化保留得相对完整。另一方面，中原地区移民的流入以及对外贸易的繁荣，移民文化和海洋文化进入广东，各种文化的大融合进一步丰富了岭南文化的内涵，从文化基因上造就了一个更加开放、包容、多元的广东。

（一）善贾重商的本根文化

自古以来，岭南就是多民族共聚之地。百越先民就在这块土地上繁衍生息，他们用自己的双手与恶劣的自然环境做斗争，为岭南地区的进化史翻开了崭新的篇章。他们不仅创造了高度发达的几何印纹陶文化，还积极学习先进的中原文化，促进了岭南地区经济的发展。

随着水路、陆路和海路的开通，岭南地区的商业贸易活动更为频繁。汉武帝时，番禺（今广州）是当时全国19个商业都会之一。繁荣的商业经济活动带来了岭南与中原地区、海外地区频繁的文化交流，以广州为中心的广东成为南北商业文化交流十分活跃的核心地带。广东发达的商业进一步淡化了封建社会正统意识形态的色彩，造就了早期的"平民阶层"，这种平民性与重商性相互共生，讲求平等、等价交换的价值观为广东人开展各类商业活动奠定了文化基础，并且潜移默化地塑造了岭南地区人们善贾重商的价值观念以及务实开放的内在性格。

（二）开放包容的海洋文化

岭南地区岛屿多、海岸线长的地理条件使广东投向了海洋的怀抱，开始了上千年的对外贸易历史。这样的历史因素为岭南文化开放包容的特质埋下了伏笔。隋唐时期，岭南地区海外贸易空前繁荣，岭南文化与海外文化得到深入交流。唐朝政府在广州城中设立"蕃坊"供外侨生活居住。唐宋时期的"蕃坊"以位于今广州市光塔路的怀圣寺（见图1-5）为中心，南抵惠福西路，东以米市路为界，西至人民路，北到中山六路。随着中外侨民的日常交往，伴随中外贸易，各类宗教、工艺和技术产品的传入，使中外文化汇聚于广州并得以融合，岭南文化中开放性、多元性和兼容性的特质得到进一步深化和充实。

图1-5　广州市怀圣寺光塔①

---

① 广州市怀圣寺光塔，见游多多旅行网（www.yododo.com/area/target/1-01-05-08-1203）。

明朝时期，外国传教士、水手、商人混迹于广东各地的大街小巷，与当地居民"同饮珠江水"，有人说两者"咿咿呀呀"语言不通如同"鸡同鸭讲"，但广东民众却真真切切接受了这样的交往方式。清朝时期在广州实行"一口通商"政策，广州开放包容的精神特质愈发明显。融贯中西的文化肌理，使广东的文化内涵更加丰富，在实践中表现出来的则是广东的开放历史。正是这种对外来文化表现出来的接纳、融合态度，使广东更容易接受来自世界各地的各类行业信息，练就国际化的行业触觉，紧跟世界会展业步伐大步向前。

（三）多元兼修的移民文化

两晋时期，为躲避战乱，中原平民和"衣冠望族"掀起了南迁的高潮，这次移民人数多、时间长，对岭南地区的社会经济文化影响深远。

南迁移民中，不乏北方学术和官宦世家，还有部分遭受朝廷贬谪的官员，他们富有文化修养，对于推动岭南文化事业的发展具有重要作用。多元文化的加入为岭南文化增添了更加丰富的内涵，岭南文化中开放、务实以及灵活变通等重要特质也是在这一阶段开始形成，并随着历史的发展根植于岭南，成为岭南精神的重要基因。

三、经济发展焕发生机

由于广东古代先后经历三次大规模的移民潮，中原先进生产力随移民进入广东地区，极大地促进了广东社会生产力的提升，为广东带来了生产资料的原始积累，为其开展各类对外贸易奠定了物质基础。随着全国经济重心的南移，以及广东作为国际贸易中心的经济地位不断提升，经济的大发展使广东会展业的萌芽成为可能。

（一）移民南下输入生产力

秦汉时期统一的政治环境和社会生产力的不断发展，以及海上丝绸之路的形成，都为广东特别是广州地区进行内部交易和对外贸易创造了良好的契机。北方汉人的南迁,为岭南地区补充了大量的强壮劳动力。中原地区先进生产力和生产资料随着秦军南征流入岭南,铁器和发达的农耕技术逐渐在岭南地区普及。岭南地区的农业逐渐从"刀耕火种"的原始形态进入铁犁牛耕的水田农业。农业生产水平得到大幅提高,为岭南地区的社会经济发展提供了有利条件。

魏晋南北朝时期,中原地区硝烟迭起,经济陷入萧条,人口锐减。相对于纷乱的中原地区,岭南地区则社会安定,因此,北方衣冠望族们大举南迁,携带男女老幼翻过五岭,在广州等地落户,同时带来了先进的生产技术,促进了岭南地区生产力的发展和经济的繁荣。另外,南方少数民族与汉族的融合、统治者推行的"重农"政策以及北方粟麦等旱田作物南移,都为我国经济重心向南迁移打下了基础。

隋唐时期,岭南地区改进农业生产技术,发展水利事业,粮食产量不断提高,农业经济区域逐渐扩展;手工业部门分工精细,制作能力提升,区域布局更为广阔。这些社会经济新气象、新因素,进一步激发了广东会展业的需求——商品贸易和信息交流。

宋元时期,北方人民的大批南迁,为南方带来了大量的劳动力,并且带来了先进的生产技术和工具;南方统治者为了提高经济发展实力,鼓励开垦荒地及兴修水利;北方农作物在南方引种也推动了南方地区农业生产发展;另外,海外贸易的发展也促进了南方地区商品经济的繁荣。

(二)航线贯通促海外贸易

从物物交换的思想来源到集市活动的兴起及专业分区,各类会展元素围绕核心的展示和商贸活动汇集。汉代岭南地区商品贸易繁荣,与贵州、四川、云南等地开始有贸易往来。此外,江南地区作为岭南往来中原地区的必经之地,与岭南地区的关系亦颇为紧密。

由于海外航线的开通,广州与东南亚、欧洲的贸易往来得以发展。在熙熙攘攘的广州市场上,人们可以选购琥珀、玳瑁、珠玑、玛瑙、玻璃、象牙、犀角等海外珍品,以及茉莉花等引进的植物品种。有些外侨还在广州长期居留。而在东南亚等地，考古学家发现了不少汉代文物。由此可见，早在秦汉时期，以广州为基地的中外海上贸易已相当频繁。

至公元7—9世纪，广州已经成为国际贸易中心，是阿拉伯国家与中国货物贸易的集散地。以广州为中心的对外贸易发展，对广东早期会展业的发展影响深远。一方面，广州对外贸易的发展为会展业的发展创造了更优越的条件，通过贸易往来不断创造经济效益和社会效益，从而有利于会展行业基础的积累；另一方面，作为中国海外贸易的龙头，广州的社会经济结构和贸易商品结构对现代会展业的发展有着深远的历史影响。

（三）经济重心南移注活力

作为东吴的重要战略区域，为了在纷争中获得优势，岭南地区大力发展经济，使广州成了一个经济中心，广州港成为国内重要的国际商港。大量商船的到来推动了广州商品经济的发展，更多新的经济现象在广东特别是广州地区得以孕育。

珠江三角洲（以下简称"珠三角"）平原的形成，促进交通便利性的提高以及人口的增加，珠三角地区成了岭南地区的经济中心。岭南地区的人口和经济的分布格局有所调整。人口分布由过去的北多南少、西多东少变为南多北少、东多西少；经济从过去的北重南轻、西重东轻变为南重北轻、东西并重的格局。由此，岭南地区的社会经济提升到一个全新的发展阶段。

宋元时期，会展发展的土壤——经济基础愈发扎实。随着政治中心的改变，经济中心南移，岭南地区的格局有所变化，岭南的经济发展成为滋养广州会展业茁壮成长的沃土。这一时期岭南地区手工业的发展也大放异彩。如陶瓷业，广窑不仅吸收了北方瓷窑的优点，还在制作工艺和烧制技术上都取得了较大的进步。又如冶矿业，广东的铁场、银场以及铜场的数量非常多，吸引了四方之人前来开采，获利甚多。

明清时期，岭南经济文化已发展至一个新的高度，与江南地区相比，尽管仍有差距，但已跻身于发达地区，为后期广东地区会展业的发展打下了坚实的基础。广东城乡经济在明清时期快速发展，主要体现在农业和手工业两方面。农业方面,在西方人叩开中国大门的同时,番薯、玉米、土豆等外来粮食作物进入我国,不仅满足了明清时期我国大量增加的人口的需求,也使商品经济更加发达。手工业方面,在海外贸易的刺激下,丝织业、陶瓷业、造船业、采矿业以及冶铁业出现了繁荣的景象,相关产品大量销往海外。

为了适应经济的快速发展与满足商品流通的需要,1472年,广州官府在城外开凿大观河,东起太平桥,接下西关涌,再出珠江,并且在城外的西关建立了18个"甫"的商业自卫组织,即现在的广州十八甫。

四、城市崛起优化环境

经济的发展使人们的生活水平得以提高,精神文化越来越丰富,特别是外商进入所带来理念的革新,这些因素促进了广东都市商业的繁荣,不但孕育了异常活跃的社会新阶层——商人,同时使城市的功能更加完善,并呈现功能分区的现象。"市"与"坊"界限的突破,更是直接促进了广东城市的繁荣与崛起。

(一)社会新阶层——商人萌芽

宋元时期,社会上有识之士主张士农工商皆本业,商业贸易获得了长足发展,市民阶层开始壮大,在上层精英和民众集团之间,出现了一个非常活跃的阶层,那就是商人。他们不仅促进了都市商业的繁荣,还使商业的触角延伸到了农村。自此,广东社会结构发生了变化,从以农村为主导走向以城市为主导,会展业的形态与分布亦相应有所调整。随着人们生活水平的提高,以及精神文化追求越来越丰富,宋元时期会展支持活动亦逐渐成形。至元代,由于幅员辽阔,东西方之间的陆上交通空前发达,海上往来畅通无阻,海上丝绸之路比唐朝更加繁荣。由此可见,广东古代会展已涵盖展示贸易活动、展示商贸配套设施,金融、交通等支撑性设施渐有雏形,会展系统逐步形成。

【拓展阅读】

粤商萌芽，造就中国现代城市雏形

早在宋元时期，伴随着海上丝绸之路的繁荣，广东商业贸易发展达到巅峰。新的社会阶层商人崛起，他们在对外贸易方面的优势得天独厚。商业的交流带来了思想的碰撞、观念的更新，这不仅在广州现代城市化进程中起到重要作用，而且这种商业生态和民族工业化产业对整个中国的城市现代化都有深远的影响。

明代，从广州港大量流入中国的白银，使"一条鞭法"这种深刻影响中国社会经济的制度成为可能。在清代，外商洋行受到严格限制，外商不得在广东省过冬，客观上奠定了澳门作为外商居留地而繁荣的基础。早在明朝万历末年，广州就有一年开设两次的"交易博览会"的萌芽，当时外商不可以在岸上居留，只有在交易博览会期间才可以从澳门过来进行贸易，中国人也可以面对面和外商做生意。

鸦片战争后，尽管广东丧失了外贸优势，十三行衰落，但是粤商作为中国第一批买办，几乎在中国每一个有外商活动的城市里都有他们的身影。与这种广泛的商业交流相适应的，是配套的生活、文化服务系统——广东商会的会馆遍及全国，这些会馆不仅保留广式建筑风格，而且连主要建筑材料也都是专门从广东运输过去的；上海等新兴商业都市都有广东人为在外经商的粤人子弟开办的"广东中学"；以商业行会为依托和管理慈善事业的组织"善堂"不仅遍及珠三角，还影响到东南亚。粤商以及粤籍华侨商人促进了民族工业的发展，也改变了中国传统的商业模式。

粤商不仅开创了当时全国先进的销售终端，而且对产业中、上游的整合也令人惊叹，"产销一条龙"的概念在当时就已经形成。

1892年,广东大埔县人张弼士投资300万两白银创办了张裕酿酒公司,这是中国第一个工业化生产葡萄酒的厂家,从种植到酿造再到销售,以及参加巴拿马万国博览会(见图1-6)夺取金奖,真正形成了产品种植、生产、销售、宣传营销的"一条龙"过程。

粤商的崛起对我国城市的现代化发展所带来的思想、理念和实践意义影响深远,同时,他们也是广东各类会展商业活动极其重要的参与主体,对于广东率先参与世界博览会、发展会展业具有引领性作用。

图1-6 巴拿马太平洋万国博览会期间张弼士率中华游美实业团合影

资料来源:《粤商造就中国现代城市崛起》,见广州文史网站(http://www.gzzxws.gov.cn/wszm/wspl/201207/t20120726_29018.htm)。

(二) 城市功能分区的优化

唐代,珠江三角洲成陆加剧,广州城的版图向南、西方向扩展,原来的番禺城成为老城区。城市的功能分区开始细化,老城区中除了各级官衙宫署外,还分布了平民住宅区(称为"坊")以及商业区(称为"市")。

其中，老城区的南面为新兴商业区，最南至大南路一带；西面则为"蕃坊"，据记载，当时有10多万外商云集于此，最西至人民路一带。

广州地区城乡商业繁荣，唐代的集市发展还出现了新的转变——城市出现"夜市"。它突破了旧的商业体制和里坊结构，同时广泛兴起的各种集市还将市场活动扩散到农村各个角落。可见，从政府的角度对城市商贸功能区进行整体规划和布局的城市管理理念自古有之。

明代以前，广州濠畔街是繁华的商业中心，后随着广州内外贸易的发展，城南徐畔街、高第街、卖靛街一带盛极一时。屈大均在《广东新语·宫语》中描述广州城南"香珠犀象如山，花鸟如海。番夷辐辏，日费数千万金"，"一省丰阜之最，两广通利之源"。嘉靖四十四年（1565），政府修筑了一堵长1124丈的城墙，把这一带商业区"保护"起来，谓之"新城"。但城墙引起交通不便，成为贸易发展的障碍。政府规定禁止外国人和外国商船进入城内，广州城南中外商人的贸易活动日渐式微。而西关凭借政府开凿的河道，吸引新城的商人在此地兴建商业店肆，此地逐渐成为广州商业繁华之地。

（三）市坊无界促商贸繁荣

唐代实行严格的市坊制，商业区和住宅区分开，禁止在居住的地方通商，而宋朝政府逐渐放宽了对民间"市"的控制，打破了唐代"市"和"坊"分离的格局，使得居民住宅和商铺不再存在界限，商人可在坊区设店，并按行业相对集中。"市"的规模越来越大，最后在城市的繁华地段形成了商业区。虽然流动的摊贩仍然大量存在，但是批发的店铺逐渐有了固定的场所，"市"的概念进一步丰满。唐宋时期，在广州城西，以外国商人聚居的蕃坊为中心，形成了一大片繁华的商业区，以这片商业区为基础而修筑起来的西城，是宋代广州三城中最大的一个。

第三节 海洋文明催生会展萌芽

广东会展业的萌芽与海洋商业文明的兴起相伴,可追溯至先秦时期。从原始社会的物物交换到相对固定的集市,会展业的特征逐步显现。秦朝的建立标志着中国正式进入封建社会,随着社会形态和经济格局的变革,岭南地区总体上政权稳定,生产力迅速发展,经济贸易往来频繁,南北交流日益密切,海外贸易蒸蒸日上,为这一时期会展业的发展创造了良好的外部环境。

特别是秦汉时期岭南地区对外贸易逐渐兴起,海上丝绸之路形成于西汉,并在唐代走向发展巅峰,极大地促进了广东地区与世界各国的贸易联系,使广东的商品经济得到快速发展,成为这一时期会展业发展的内在动力,促进了广东会展业的萌芽与发展,也是广东对外贸易走向成熟的外在表现。

一、展示贸易实践渐趋多元

会展的起源可以追溯至原始社会物物交换的初期。封建社会的展示手段更加丰富,包括庙会、祭祀会展等。商品展示贸易规模扩大,逐步从物物交换扩大到商业贸易和精神文化领域,形成集市、专业市、定期市以及各类定期宗教庙会等形式。

广东会展业的发展与中国会展业整体发展趋势一脉相承,最初只是松散的展览形式,且规模较小,因此属于会展业的萌芽阶段。尽管中国比欧洲更早地形成会展活动的雏形,可是这一雏形一直作为主导形态持续到19世纪末。

（一）物物交换探索展示实践

在原始社会，由于自然资源分布不平衡以及不同部落之间生产技术和创造力存在差异，存在生产资料交换的需求。原始社会末期，生产力进一步提高，社会分工不断发展和壮大，形成了专门从事农业生产、手工业生产和畜牧业生产等的不同部落。他们聚集生活、共同劳动，乐于展示和欣赏其劳动的成果，包括石锄、手斧等。同时，为了获取自身没有的物品，他们在部落之间的边界上，开展经常性的、习惯性的物物交换。

由于生产力极其落后，这一时期的会展只是原始形态的展示，包括粗糙的岩画、文身、图腾崇拜等。部分展示具有贸易性质，如进行物物交换时所摆的地摊和简单的叫卖。此外，还出现了"敬天神、颂祖宗"的祭祀会展。此类展示展品丰富，包括牲畜、酒食等；展具较为考究，有陶器、铁器，甚至还有铭文；展出时还有钟鼓音乐、歌舞渲染等，成为一类综合性的展示艺术活动。

虽然这一时期具有贸易性质的展示没有固定的地点和时间，不成规模，具有很大的自发性和随意性，但它已经初步具备了会展的元素，即人与物的集聚、产品的展示和交换，体现着会展整合资源、共享资源的理念，从而为会展贸易萌芽奠定了思想基础。

（二）集市兴起初现会展雏形

集市作为会展的雏形，最早出现于两千多年前。欧洲以城邦经济为基础发展起来的传统集市以及中国奴隶社会殷周时期兴起的集市都具有生产力不高、交易量不大、交易场所不固定等局限性。但是，它已经具备了现代会展的基本特点——具有陈列、展示、交易等功能，同时进一步深化了整合资源的会展本质，使得社会化分工进一步发展。

1. 发端于殷周时期

集市是市、集以及庙会等多种市场交换贸易活动的统称。集市活动的历史可以追溯至殷周时期。周朝的《易·系辞》就有"日中为市，致天下之民,聚天下之货,交易而退,各得其所"的记载。周代,官方对集市活动已有相对严格的管理制度,包括对市的设计规划、管理制度的制定、经营方式的要求、交易对象的限制等。同时,自耕农民也开始展开部分民间贸易活动。

殷周时期出现的"集",及至秦汉时期,"市"作为固定的商品交易场所遍布全国各地,形成"天下百郡千县,市邑万数"的局面。在汉代,"市"得到了进一步的发展,除了城市,在一些人烟稠密的地方或交通要道,"市"亦逐渐普及起来。

2. 发展于秦汉时期

至秦汉时期,由于社会分工不断扩大和深化,社会产品越来越丰富,商品经济得到极大的发展,集市贸易亦相应得以繁荣。行走于汉代的集市之中,可以看到各种商品应有尽有,各种娱乐活动也五花八门,"物物印市,日阅亡储"。有的家庭即使不从事生产,单依靠从市场购买商品,也完全可以维持生活。此时,商业贸易的思想已经深入人心。

而在岭南地区,在常设市场尚未出现时,人们一般在交通要道以及江河渡口等地进行商品贸易。秦汉统一岭南以后在当地设置郡县并建设城垣,此时,郡县治所逐渐成为区域内的政治经济中心,岭南城镇作为商品交换的市场也趋于规范。

尽管"集"与"市"在促进商品贸易方面都扮演着重要角色,但相对于"市","集"的主要构成人群是农民和手工业者,他们不是纯粹意义上的商人,他们既是商品的生产者,又是商品的流通者,因此从这种意义上来说,"集"更接近于现代意义上的会展。

3. 成熟于隋唐时期

早期会展的发展体现了人们对会展活动需求之旺盛,而这种需求又进一步促进了生产力的发展。这一时期广州地区的集市发展,则属于更为成熟的会展形式。它发挥着贸易沟通的平台作用,具有汇集物流、人流、信息流的功能。岭南地区农村多层次的商品流通日趋活跃,跨地区的市场联系不断加强,进而在一定程度上出现了商品生产的地域分工格局,这进一步推动了早期会展向专业化分工方向发展。

隋唐时期，集市贸易得到了进一步的发展，广州地区商业繁荣，集市的类型更加丰富。从定期举办的庙会到分区展示的墟市，无论是举办时间的固定性与延续性还是商品展示功能分区的专业化，都具备了现代会展活动的特征，且具备信息交流、产品交易、整合营销、调节供需和文化传播等功能。

唐玄宗时期，岭南人张九龄征民夫开凿兴建大庾岭驰道，并指出："海外诸国，日以通商，齿革羽毛之殷，鱼盐蜃蛤之利，上足以备府库之用，下足以赡江淮之求。"交通要道的开通，使岭南地区与中原地区的贸易往来日益密切。广州城内市井繁盛，商贾络绎不绝。

唐代墟市已经发展成熟，在城镇定期或不定期均有各类商品贸易的"墟市"，农业商品化倾向明显。唐代传入岭南的"狗仔墟"，主要买卖一些农副产品、小首饰，并聚集了许多"跑江湖"的与玩杂耍的艺人。2000个摊位根据商品的种类分区，商品数目众多，热闹非凡。"狗仔墟"带来的经济收益吸引了珠三角的人们把自家的农副产品带到这里出售，由此逐渐形成了具有规模的墟市。

（三）专业市、定期市繁荣发展

明代后期，专业性贸易的墟市已经出现，如鱼栏、猪栏、花市以及茶叶市，商店林立。周边的城镇也出现了专业买卖的墟市，如东莞的"香市"、罗浮山的"药市"、顺德的"龙眼市"、番禺的"鱼市"以及增城的"荔枝市"，等等。

除此以外，在明末还形成了开平楼冈网墟，是当时广东省内最大的网墟。网墟主要销售渔网等捕鱼用具，把一条800多米长、10多米宽的马路分成3列，密密麻麻地摆满了800多个摊位，展示的商品多达2000种。网墟的繁荣吸引周围各地区的渔民提前三天将所制造的渔具运到墟市，购渔具者也结队而来，使得当地客栈爆满，同时旅游业、餐饮业也十分发达，该墟市持续了300多年之久。

类似这样的专业性贸易墟市驱使采购者离开原居住地，进行商品买卖，带动了墟市举办地的住宿、餐饮、运输等行业的发展。可见，会展及其他展示商贸活动对相关会展支持性行业的带动作用非常明显。

【拓展阅读】

开平"网墟"老，民俗原味足

楼冈网墟是广东省目前最大的网墟。自明朝末年起，每年的农历八月十一日，在开平市楼冈墟都会举办网市交易，至今已有300多年历史。由于所在地是楼冈，故当地人称之为"楼冈网墟"。经过300多年的历史变迁，现在的"楼冈网墟"（见图1-7）呈现衰退的状态，但这种原汁原味的开平特色民俗集市仍然吸引了众多摄影爱好者和游客前来参观。目前，"楼冈网墟"已被列入开平市"非物质文化遗产名录"。

图1-7 持续300余年的楼冈网墟

据《开平县志》记载："是日，凡顺德、新会、新兴、恩平、台山各县渔民所织造之网，先期运至，以待发售。其邻县购网者亦结队齐到，初十夜旅客露宿，挤拥达旦，他市所未有。"相传明朝末年，每逢农历八月十一日，一定会有一位神仙拿着一张渔网来到市场出售，谁能买到这张"神仙网"，不管在什么地方打鱼，都一定会获得丰收。因此，每年到了农历八月十一日这天，附近几个县甚至是广西、福建等外省区的人都会远道而来，希望有幸买到这张"神仙网"。"神仙网"虽是神话传说，却充满了人民对美好生活的向往。

资料来源：《开平"网墟"老，民俗原味足》，见腾讯网（https://news.qq.com/a/20110912/000621.htm）。

明代，葡萄牙人初到广东，官方对其实施"定期市"的政策，即允许其在每年夏、秋两季在广州进行定期贸易。贸易地点定于海珠石上，具体的贸易时间长短根据贸易情况而定，短则十多天，长则两三个月。这种定时、定点的贸易形式可谓是广州会展业发展史上的一个重要阶段，它是日后"中国第一展"——中国进出口商品交易会（以下简称"广交会"）的前身，为其落户广州埋下了伏笔。

【拓展阅读】

千年花市耀羊城

广州花市的形成，可追溯至明末"花渡头"。据明末清初屈大均《广东新语》记载："东粤有四市：一曰药市，在罗浮山冲虚观左，亦曰洞天药市。一曰香市，在东莞寮步，凡莞香生熟诸品皆聚焉。一曰花市，在广州七门，所卖止素馨，别无花，亦犹洛阳但称牡丹曰花也。一曰珠市，在廉州城西卖鱼桥畔。"当时广东罗浮山的药市、东莞的香市、广州的花市、廉州的珠市，合称"东粤四市"。

广州是对外交通的重要口岸，商品经济比较发达，由于明清"稻田利薄"，农民"每以花果取饶"，故出现专门以栽种花木为生的

"花户"和以贩花为业的"花贩"。清代嘉庆、道光年间,广州的花木业发展很快,海珠花田庄"村前弥望皆花"。

据壬申《南海县志》记载:"花市在藩署前,灯月交辉,花香袭人。"藩署前即今中山路与北京路交界处。《广州城坊志》引潘贞敏《佩书斋诗钞·花市歌》小序云:"粤有藩署前,夜有花市,游人如蚁,至彻旦云。"这都说明历史上广州花市规模之大,还形成了夜市,并有了相对固定的地点。到19世纪60年代初期,分散的花市固定在春节期间,羊城的大街小巷都摆满了鲜花、盆橘(见图1-8)。清代有一首描写花市的竹枝诗云:"羊城世界本花花,更买鲜花度年华,除夕案头齐供奉,香风吹暖到人家。"花市不仅浓缩了千年岭南文化,也体现了广州兼收并蓄的城市风格,是广州起源较早的具有现代会展性质的展销活动。

图1-8 广州迎春花市牌坊及慕名前来的国外游客

资料来源:广州市政协学习和文史资料委员会《广州文史》(第七十七辑),广州出版社2013年版。

(四)宗教庙会促进城乡互动

庙会作为集市贸易的形式之一,与集市的主要区别在于它是在寺庙的节日或规定的日期举行,和寺庙的宗教社祭活动有关,多设在庙内及其附近。庙会作为会展的一种重要表现形式，在隋唐时期已得到发展，上至皇家下至百姓无不参与社祭活动。举行社祭活动时少不了舞蹈、音乐，以此祭神娱人。频繁的祭祀活动多在寺庙或其附近举行，商贩们看到烧香拜佛者众多，便在庙外摆起各种小摊，由此形成了包括宗教、文化、经济、娱乐等内容在内的庙市，后逐步演变为集市贸易活动，进而演变为今天的会展活动。

唐宋时期，佛教和道教的发展达到了全盛，对社会产生了空前的影响，定期举行的庙会也日趋兴盛，出现了名目繁多的宗教活动，如圣诞庆典、坛醮斋戒、水陆道场等。其后在宗教仪式上慢慢增加了娱乐内容，如舞蹈、戏剧、出巡等。

相较于集市，庙会上的商品种类更加丰富，规模更大。它以宗教和寺庙为依托，反过来也促进了宗教文化的发展。庙会产生的年代是宗教盛行的时期，它将众多的城乡民众吸引过来，促进了城乡之间的交流，也促进了商品的流通，具有重要的经济意义和历史价值。

【拓展阅读】

"波罗诞"的起源与发展

广州市黄埔区庙头村，有一座南海神庙，它是古代海上丝绸之路以及广州对外贸易繁荣盛况的重要见证。相传唐朝时，古印度的波罗国一位来华朝贡使在回程时途经广州，到南海神庙谒南海神，并将自己从波罗国带来的两棵波罗树苗种在庙中。由于其在庙中流连忘返，耽误了归程，于是望江悲泣，后来立化在海边。人们为了纪念这位来自海上丝绸之路沿线国度的友好使者，将其厚葬，塑像祀于南海神庙中，封为达奚司空。因其来自波罗国，又在庙中植下波罗树，因此村民俗称南海神庙为波罗庙。

南海神诞亦称波罗诞,每年农历二月十一至十三日,珠三角众多民众慕名而来祭祀南海神,"波罗诞"也因此成为珠三角地区最大也最为重要的庙会。清嘉庆年间,崔弼在《波罗外记》中曾生动地描述了清代波罗庙会的盛景:"远近环集如市,楼船花艇,小舟大舸,连泊十余里……入夜明烛万艘与江波辉映,管弦呕哑,嘈杂竟十余夕。"

时至今日,千年庙会(见图1-9)每年仍旧人气爆满,组织方每年都要召开安全管理大会,慕名而来的国内外游客和信友们仍旧对庙会表现出很大的兴趣。而庙会也跟随时代进步,变成了一个重要的民俗文化活动,在传承传统民俗、增强广府人的文化归属感与认同感、传播中国文化方面做出了重要贡献。

图1-9 千年庙会——南海神庙的波罗诞与随处可见的波罗鸡

资料来源:黄淼章《南海神庙》,广东人民出版社2005年版。

二、展示贸易分区日益专业

农业与手工业的发展促进了商业贸易的繁荣,社会生产向着专业化分工的方向发展,出现了根据交易物品种类和对象的不同而形成的专门集市,如专业的马匹交易市场、书籍交易市场、酒交易市场、铁器交易市场等,这些集市按照功能分区分布。

汉代集市贸易繁荣,城市集市多由人为规划建设,集市场地较为规整,多为正方形或接近正方形,市列纵横(见图1-10)。城市集市是个封闭性的场所,集市四周有院墙、门,并分布着市楼和"井"字形的市肆。市楼低则两层,高则五层。市楼为市场官吏的办公楼,用于监管集市贸易。集市中除市楼外,还有市舍,主要用作旅社、仓库、酒店、手工业作坊等,基本分布在集市内墙的四周。集市中最多的建筑是市肆,又称"列肆",即成排成列的露天摊位。可见,当时已形成了粗具规模的会展业态。广州历史上称集中的商品买卖地为"栏口"或"埠"或"九八行"——每种货物有专门的栏口,设在交通网运发达的地方,以便过往商人开展各类交易活动。①

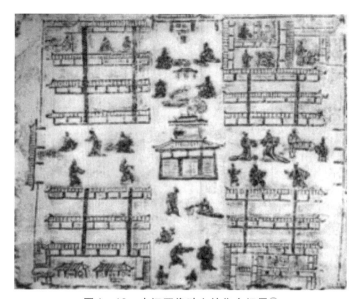

图1-10 东汉画像砖上的集市场景②

---

① 刘琼琳:《广州近代商贸建筑研究》,华南理工大学2015年硕士学位论文。
② 东汉画像砖上的集市场景,见91考试网(www.91exam.org/91files/2016061009/cqaofdq2at0.png)。

秦汉时期的集市场地已经具备了现代会展系统中的诸多特征，集市场地如同一个庞大的"场馆"，商人和居民皆集中于此进行各种商业贸易，市肆如同"展位"，供商人进行商品陈列展示之用。这种在一定地域空间内，人聚集在一起形成的定期或不定期地传递和交流信息的群众性社会活动，具备了会展交流和交易功能，可见现代贸易性的展览往往由集市演变而来。这种专门的集市与现代会展展馆的功能分区比较类似，具有集约化、专业化与系统化的特点，显著地提高了贸易的效率。这也是学术界大多数学者推崇的会展起源于古代集市贸易的原因所在。

三、展示贸易功能不断叠加

秦朝统一文字、货币与度量衡，对于开展古代商业贸易具有重要的意义。此外，随着会展贸易活动的不断扩大，特别是与外国商人的贸易活动日益密切，唐宋以来集市服务日益完善，服务功能不断叠加，具有一定的现代会展的特征。"飞钱"和"柜坊"等金融服务的出现，也为展示贸易活动提供了极大的便利。

（一）邸店、塌房完善集市服务

随着集市贸易逐步发展壮大，单纯的交易功能已经不能满足社会需求，会展业需要更多的服务系统提供支撑。由于隋唐政局稳定、社会生产发达、商业贸易繁荣，早期会展业的支持系统也相应得到发展。

早在汉代，郡国在都城设立了住宿设施"邸"，用于服务郡国官吏。由于邸的特殊地位，使用者可以利用官方渠道与机构免费运送货物。南朝时期，邸发展成为渔利的商铺，称为"邸店"或"邸舍"。这种假公济私的做法迅速蔓延，南北朝末年，政府竞相向邸店课税。唐以后法网渐严，邸的特权地位受到挑战，"邸店"最终沦为一般商铺的通称。

唐初以后，邸店兼具客商堆货、交易、寓居的功能，是汉代"市舍"的延伸与拓展，但其更注重提高商人之间的贸易效率。此时的"邸"，指堆放货物的货栈;"店",则指沽卖货物的场所。商客带着货物住进邸店后,邸店主人与牙人扮演着商客中间人的角色,将货物卖出,或再购买货物。后期邸店又发展成为商客交易的场所,具有仓库、旅舍、商店等多种性质。

由于获利丰厚,唐中期以后,贵族官僚和寺观也纷纷开设邸店,于是邸店大量涌现,随后郊外乡村也开始出现邸店。由于商业发展的需要,时至宋代,许多城市都开设有邸店,宋诗中"邸店如云屯"正是形容当时旅店业之兴旺。

所谓"塌房",是指宋以后寄存商旅货物的场所。明代政府曾将邸店官营,于两京设立"塌房"。起初塌房渐入勋戚、权贵之手,后塌房从邸店中分离出来,并最终成为带有现代企业性质的商业仓库。当时的邸店在很大程度上具备了现代会展的功能特征,能够整合和配对商人之间的产品和交易信息,是古代会展配套支持系统建设发展的重要体现。

(二) 统一度量衡推动商品交易

度量衡作为商业交换的工具,它的统一对于促进商品交易具有重要意义。秦统一全国后,进一步统一了度量衡和货币,打破了春秋战国以来货币形制各异、轻重不等、大小不一的混乱局面,在经济生活中真正实现了"堕坏城郭"和"夷去险阻",减少了交易成本,推动了商品贸易的发展。

(三) 银行雏形萌芽便捷交易

我国历史上最早的信用机构是南北朝的"质库"(类似今天的典当行),唐朝陆续出现"飞钱"和"柜坊"。"飞钱"又称"便换",是中国历史上汇兑业务的早期形式。它主要有两种形式:一是官办,商人在京城把钱交给诸军、诸使或诸道设于京城的"进奏院",携券到其他地区的指定地方取钱;二是私办,大商人在各道或主要城市有联号或交易往来,代营"便换",以此牟利。这种粗放的汇兑形式对于早期会展的发展具有重要意义:一方面,降低了交易活动对铜钱的需求,缓和钱币的不足;另一方面,商人前往各地进行贸易活动时,减轻了携带大量钱币的不便,为各类展示贸易活动带来了便利。

柜坊是我国最早的银行雏形，比欧洲的银行还要早几百年出现。其经营的业务是代客商保管金银财物，并收取一定的租金，客商需用时，凭帖（类似今天的支票）或信物提取。与现在的银行要向存款人支付利息不同，柜坊不仅不付息，存放者还要向柜坊缴纳租金。柜坊的存在，使来自远方的生意人不必携带大量的铜钱，方便了客商的贸易活动。这一形式也表现为不同地区的"会子""宝钞"（见图1-11）等。

图1-11 宋朝的宝钞①

飞钱和柜坊的出现，为早期商业的发展解决了诸多交易困难的问题，同时也优化了商业贸易的交易方式和过程。作为早期会展商贸衍生出的支撑性行业，它们是我国古代劳动人民智慧的结晶，推动了人类文明的发展进程。

---

① 宋朝的宝钞，见纯最网（http://www.ichunzui.com/show-7-1517-1.html）。

第二章

政治通道与广东会展二百年

1851年，正处于工业革命全盛时期的英国为展示其强大国力，在伦敦举办了规模空前的"万国工业博览会"，其作为首届世界博览会很快掀起了世界范围内举办博览会的热潮。

近代中国处于半殖民地半封建社会，资本主义经济在中国萌芽，刺激了各种宣传媒介和信息事业的发展，促进了东西方文化交流碰撞，这一时期海上丝绸之路犹如一条政治通道，随中国发展大势而起伏发展。随着广货的振兴，这一时期广东会展业的有志之士以敢为人先的气魄，率先走出国门，带领国人"走出去"，参加世界博览会，并且开始自办展会的实践，会展在中国的功能日益凸显，中国近现代会展业就此拉开序幕。

第一节 近现代海上丝绸之路发展历程

一方面,清朝闭关锁国政策严重抑制了我国经济贸易的发展,但另一方面,广州作为这一时期少数的通商口岸之一,却意外地获得了与西方国家开展经济、文化交流的机会,成为广东特别是广州对外贸易发展的转折点,更为后期举办广交会积累了厚重的办展渊源和市场基础。中华人民共和国成立以后,国内百废待兴,加之国际环境相对严峻,海上丝绸之路的发展进入瓶颈期和调整期,广州作为国内重要的通商口岸,在这一时期自身优势亦相对难以发挥。清初至中华人民共和国成立初期海上丝绸之路发展历程如图2-1所示。

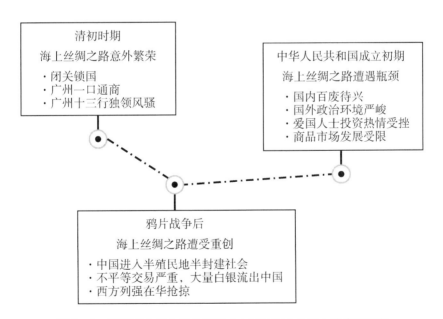

图2-1 清初至中华人民共和国成立初期海上丝绸之路发展历程

图片来源:作者自行绘制。

一、清初一口通商广州成宠儿

清初,海禁比较宽松,仅限于不准私自出海,凡取得官府准许便可外贸。但随着后来中央集权加强,统治者对沿海政策发生转变,既不准许商人出海也不允许外商来华,甚至广州在当时经历了两次政策性的内迁,部分涉及当时繁华的商业区如番禺、南海等。这些闭关自守的政策导致这一时期我国整体海外贸易的急剧衰落,海上丝绸之路逐渐失去了昔日的繁华。①

(一)唯一口岸获繁荣

清乾隆二十二年(1757),清政府封闭漳州、宁波、云台山三个口岸,独留广州一口对外通商。因此,全国对外贸易的商品都要运到广州出口,广州作为商品集散地,其辐射范围延伸至华东、华北、西南、西北等地。福建、浙江、河北、山西、陕西、甘肃、四川、广西、贵州、湖南、湖北、江西、河南等地运到广州的货物种类纷繁多样,以茶、丝、瓷器、土布、药材占比最大。进口商品主要是呢绒、棉花、棉布、钟表、洋米,经由广州进口转销全国各地。自此到鸦片战争的80余年间,广州成为海外贸易仅存的通商口岸。在闭关锁国这一特殊的时代背景下,广州成为国内唯一的幸运儿,并因此获得了意外的繁荣。

(二)十三行独领风骚

广州一口通商使其对外贸易空前增长,城市人口激增,在全国会展商贸普遍没落衰亡的情况下一枝独秀,广州十三行(见图2-2)由此在海外贸易往来中名扬中外。

---

① 龚缨晏:《全球史视野下的海上丝绸之路》,载《光明日报》2013年10月10日第11版。

广州十三行的历史可追溯到明嘉靖年间,葡萄牙人在澳门的时候,虽然有和广州、安徽、泉州的商人做交易的记录,但都是将广州作为贸易往来的唯一口岸。当时有十三家商号(行)在广州垄断贸易,其中广人五行、泉人五行、徽人三行,共十三行(见图2-3),集聚在粤海关管理下的十三夷馆当中(今广州荔湾区十三行路以南、珠江以北、镇安路以东、仁济路以西区域)。"外商欲购入茶、丝及其他商品,亦不能不委托行商代办。外商不须自行收买货物,应俱由公行代为办理"。广州十三行诞生于国家垄断之下,管理机构由公行组织统筹,进出口货物和价格都由公行制定,商贸活动集中在固定场所,高度整合买卖双方的货物和交易信息。尽管鸦片战争后广州十三行逐步退出历史舞台,但是其平台效应以及对于展示贸易和人脉经验的积累并没有随之退出,为后期粤商参加世界博览会以及广州自行举办展览会打下了扎实的基础。

图2-2 广州十三行同文街街景①

图2-3 陈铿油画《远航之梦·广州十三行》(局部)②

(三)外国商馆指明路

广东拥有当时唯一开放的通商口岸,聚集在广州的商人越来越多,英国、法国、荷兰、丹麦以及瑞典等许多国家陆续在广州设立商馆(见图

---

① 刘琼琳:《广州近代商贸建筑研究》,华南理工大学出版社2016年版,第42页。
② 见腾讯房产网(https://gz.house.qq.com/a/20171103/075275.htm)。

2-4)。外国商馆作为外国驻华贸易的管理机构,具有外交和商贸的双重功能,实际上商馆的主要功能就是进行贸易。商馆的地理位置一般位于广州城西,面临珠江,靠近商行和码头以便于装卸货物。随着越来越多的国家修建自己的商馆,外国商馆所占的面积越来越大,总占地约5.1万平方米。这种有规模、有策划的展示贸易形式,是西方现代会展传入并实践的过程,为我国正在衰亡的早期自发的、松散的、不稳定的会展活动指明了新的方向。

图2-4 商馆遗址①

二、清末海上丝绸之路蒙阴影

鸦片战争后,中国进入半殖民地半封建社会,清政府被迫打开国门与西方列强进行不公平贸易。此时的海上丝绸之路成为不平等的海关政策下货物贸易的通道,中国的白银从这里源源不断地流出,中国的瓷器、丝织品还有西方列强在华抢掠的珍贵文物顺着海上丝绸之路远离华夏大地。而

---

① 约翰·汤姆逊:《中国和中国人画报影像》,广西师范大学出版社2012年版。

一些恶劣商品,比如鸦片,被陆续运送到中国大地上,侵蚀着中国人民的身心健康。

运茶的飞剪船往来于欧洲至东印度群岛之间,而运送鸦片的飞剪船(见图2-5)把印度的鸦片经新加坡运到珠江口海面,将鸦片卸在趸船上,同时运走中国的白银和各种高档商品。中华民族的政治和经济遭受前所未有的重创,曾经辉煌一时的海上丝绸之路也因此蒙上阴影。

图2-5 海上丝绸之路进行鸦片贸易的飞剪船①

三、民国时期广州打造世界港

民国时期是中国历史上大动荡、大变革的时代。辛亥革命后,各地纷纷响应孙中山提倡的"实业救国、振兴国货、挽回利权"的号召,抵制美货、日货,提倡国货。随着民族资本主义的发展和国人经济主权意识的日益增强,国民广泛认识到发展工商业、推广对外贸易对于增强国家经济实力的重要意义。孙中山在《实业计划》的第三计划一开始便指出:"广州不仅为中国南部之商业中心,亦为通中国最大之都市。迄于近世,广州实太平洋岸最大都市也,亚洲之商业中心也。中国而得开发者,广州将必恢复其昔时之重要矣。"因此,他围绕广州提出了三个方面的开发计划,包括改良广州为一世界港、改良广州水路系统、建设中国西南铁路系统,在一定程度上促进了广东海上贸易的发展。

---

① 见爱问知识网(http://www.lianhekj.com/question/307283843907529004.html)。

四、中华人民共和国成立初期对外贸易起步遇瓶颈

由于中华人民共和国成立之初遭到美国政府的政治颠覆、军事包围、经济封锁，国内外环境恶劣。1949—1965 年，广州的外资主要来自海外华人华侨和港澳同胞，但"文革""左"的错误政策挫伤了投资者的爱国热情，致使投资停止。1949—1978 年，广东并没有严格意义上的外国投资，因而广州很难充分发挥昔日海上丝绸之路第一大港和重要港口的历史优势。

对外贸易方面，国家建立起独立自主但相对集中的对外贸易管理体制，促进了广州对外贸易的不断发展。1950—1952 年，广州有 508 户私营进出口商经营外贸业务，以易货为主，批准出口总额达 7.78 亿美元，主要出口对象是港澳地区，其次是东南亚国家。1957—1979 年，广州进入计划经济时期，广州对外贸易公司只是一个货源公司，即为广东省外贸公司执行货源收购计划。其后，随着国内政治环境趋于紧张，商品市场发展受限，全国商品交易进入寒霜期。

第二节　会展业成熟期发展背景

近现代以来，海上丝绸之路扮演的角色逐渐从海洋文明纽带向政治通道转型，并随着政局的变化和对外贸易政策的改变而不断调整。幸运的是，尽管这一时期政局相对多变且跌宕起伏，但广东对外贸易的步伐没有停息。这一时期经济发展的新趋势以及西方文化的输入，都为广东会展业的发展注入了新的活力，使其逐步迈向成熟发展的阶段。

一、政局多变跌宕起伏

从近代至中华人民共和国成立初期，我国整体政治形势相对多变。1840年，鸦片战争在广东沿海拉开序幕，开启了中国近代史的进程。西方列强迫使清政府签订不平等条约，凭武力获得在华利益。此后，洋务运动、维新变法以及辛亥革命则为广东接触西方政治经济制度、新思想的萌发提供了先决条件。而中华人民共和国成立以后，广东肩负起国内外物资交流和贸易的角色，从客观上要求广东进一步发展会展业。

（一）战火连绵经济受重创

晚清时期，社会政治制度逐渐走向僵化，经济上自给自足的小农经济开始瓦解，重农抑商政策又阻碍了商品经济的发展，闭关锁国的政策更是重创中国对外贸易经济。一方面，动荡的政局和封建思想的禁锢制约了社会的发展，两次鸦片战争给中国政治、经济带来重创；另一方面，迫使中国打开国门，了解世界发展潮流，同时亦唤起了变革图强之风，为后期中国会展意识的觉醒、参与到世界博览舞台中创造了契机。

广州走在近代革命的前沿，在经济和思想文化上都体现出前所未有的生机活力，先进思想与技术在广州激荡碰撞，为近代广州会展业的发展营造了温床。在这一封闭和开放相博弈的特殊时期，有不少中国人敢于尝试参加和举办博览会。部分展览活动已经具备现代展览会的规模与办事程序，无论是成立正式的陈列馆还是举办具有明确主题的展览会，都表明广东的近代会展业在清末已基本成型并且逐步成长。

（二）新思潮引领新风

民国时期，中国资本主义的发展积累了法律和政治方面的有利条件。孙中山两次发起的"护法运动"，以及中国共产党最初的革命事业都是从广州发展起来的。在大批思想家、政治家的带领下，广州的社会经济、文化发展均处于全国重要地位。而近代革命留下的众多历史遗迹，也见证了广东城市历史中的深刻记忆。

西方文明的传入与近代工业的兴起，促使革命策源地的形成。19世纪末，广东的外贸进出口值约占全国外贸总额的1/4。这为广州接触西方政治经济制度、新思想的萌发提供了先决条件。

此时，广州从依靠地理区位和一口通商政策倾斜发展起来的商贸港口，摇身一变成为国内革命先驱之城。经过两次鸦片战争的影响以及近代维新变法和资产阶级革命思想的熏陶，广州对革命抱有开风气之先的锐气，因此，广州也成了国内近代革命基础最好的城市之一，成为民主革命的重要发源地。

辛亥革命后，各地纷纷响应孙中山提倡的"实业救国、振兴国货、挽回利权"的号召，抵制美货、日货，提倡国货。随着民族资本主义的发展和国人经济主权意识的日益增强，国人广泛认识到发展工商业、推广对外贸易对于增强国家经济实力的重要意义，所以全国各地兴起了以国货展览会为主体、各类专业性展览会蓬勃发展的热潮。广州作为华南第一商埠，也毫不例外地推崇国货博览会，兴办商品陈列所，在经验积累中进一步推动广东会展业的发展。

（三）中华人民共和国成立初期再探索

中华人民共和国成立初期，广东各级人民政权所面临的政治环境仍然严峻。沿海若干岛屿还有负隅顽抗的国民党军队；全省还有10多万土匪和许多潜藏的特务，进行各种破坏活动；在经济上，工商业萧条，农业衰落，物价上涨，市场混乱，财政困难，人民生活贫困，失业工人增多，农村灾情和春荒严重。

面对这种情况，当时中共中央华南分局和广东省人民政府及时采取措施，根据广东经济作物多、商品经济相对发达的特点，在恢复经济时，强调组织好国内外、境内外的物资交流，达到公私兼顾、劳资两利、城乡互助、内外交流的目的；针对广东圩镇多的特点，强调要抓好圩镇工作。这些措施对恢复广东国民经济都起到了重要作用。

截至1952年年底，广东的国民经济，除个别地区和少数行业外，已达到中华人民共和国成立前的最高水平。1952年，工农业总产值为38.03亿元，比1949年增长了52.4%，各项事业都取得了很大成绩。这为进行有计划的建设打下了基础。

二、粤商弄潮实业振兴

从外贸发展历程来看，广东一直以来都是重要的对外贸易窗口，闭关锁国时期，广州也是中国唯一的对外通商口岸，商业气息十分浓厚。鸦片战争后，随着国门被打开，虽然通商口岸增多，但广州的经济地位依旧显著。辛亥革命后，振兴实业的经济环境让广东地区的产业有了较快发展，特别是火柴、橡胶、肥皂等轻工业发展迅速。广东近代产业的发展尽管在规模、质量上尚不及上海以及江浙等地，但由于其起步早、经营理念和管理方式较新，仍是时代的"弄潮儿"。

而在中华人民共和国成立初期，国内外政治形势严峻，广东的经济特别是对外贸易在艰难中起步，但仍然肩负起国内外贸易和物资交流的角色，在恢复国民经济中发挥着重要的作用。

（一）手工业兴起成产业基础

明清时期，广东私营手工业、私营海内外贸易以及商品性农业得到显著发展。珠三角地区由于雨热同期、物种多、水网密布，对于发展商品经济有固有的、巨大的潜在优势。珠三角地区迅速崛起为驰名海内外的手工业之乡，巨量的民间产出已取代官方产品成为社会生产的大宗。其中，佛山迅速从一个村庄发展成为具有"天下四聚"之誉的手工业巨市，其冶炼、铁制、陶瓷等产品大量销往国内各地和南太平洋、东南亚各国。手工业的兴起为广东第二产业的发展打下扎实的基础，使其在经济发展的浪潮中把握先机，亦为广东在近现代开展各类展览活动提供了产业基础。

(二) 产业经济崛起催生需求

广东珠三角地区迅速兴起庞大的商帮集团,即通称的"粤商",他们"凡天下省即市镇,无不货殖其中",这也使广东的经济重心迅速南移,形成一个具有强大的经济辐射力、并在珠江流域经济运行中具有主导地位的市场轴心。

一方面,明清时期,沿珠江水系东西走向的物资交流获得大发展,成为流域地区内物资交流的新主流。以佛山、广州为核心的珠三角成为广东乃至珠江全流域内副业、渔业和手工业生产量最大的产出地带。据统计,鸦片战争前,珠三角生产的手工业品(布、盐、丝织品、铁器、缸瓦瓷器等)约占整个岭南市场主要产品产值的33.4%。东西走向物流主导地位的确立,反映了整个珠江流域上中游与下游之间在市场调节下比较密切的区域经济分工合作关系初步定型,标志着以珠三角地区为核心延展的西江支系市场的形成。

另一方面,尽管南北走向物流原有的主导地位已经逐步让位于东西走向的物流,但是仍比前代有很大发展,达到历史新水平。这一时期民间产出的商品已经取代官方产品,生产用品和民生日用品已经取代奢侈品成为物资交流中的主要货品,货物交流的总量和种类也比以往更多。

而海外走向的物资交流更是全面走向兴盛。在清代,虽然多次实施海禁政策,但是迫于财政因素和西方殖民者的压力,清政府在广州设立粤海关(见图2-6)管理对外贸易,仅此一处,直至道光二十年(1840)。广州成了外贸商品流入清朝的关口,各地的商品也源源不断地从广东输出,使广东的海外贸易在当时独树一帜。据统计,19世纪末,广东的外贸进出口值就达到1亿~2亿海关两,约占全国外贸总额的1/4。

图2-6　粤海关大楼①

(三) 民族资本起步奠定基础

鸦片战争爆发至洋务运动兴起期间,封建自然经济在外国资本主义经济的冲击下开始解体,中国半殖民地半封建社会程度不断加深。传统自然经济的解体,为中国民族资本主义的发展创造了相对宽松的环境,东南沿海地区的农产品日趋商品化。

面对内忧外患,为了维护清政府的统治,挽回中国贸易逆差的局面,1901年,慈禧太后在西安颁布变法上谕,开始新政改革。其中,振兴工商业的改革措施具体包括:在中央设立商部,在地方设立商务局、劝业道等;制定经济法规,为资产阶级经济活动提供法律依据和保护;奖励工商业、劝办商会等。这一系列措施推动了中国民族工商业的前进,促进了对外贸易的发展,为清末商品赛会的盛行提供了政策支持与物质经济基础。

广州是中国民族资本主义起步较早的地区之一。1842年后,外商开始在广州投资设立工厂。值得一提的是,中国最早的民族资本主义工业企

---

① 见中评网 (http://www.crntt.com/crn-webapp/doc/doc Detail Create.jsp?coluid=55&kindid=1159&docid=100174376)。

业,是1869年在上海成立的发昌机器厂,厂主是广东香山县(今中山市)人方举赞。在此之后,洋务派官员、华侨亦纷纷在珠三角一带建立工厂。1872年,广东南海县(今佛山市南海区)侨商陈启沅创办了继昌隆缫丝厂。此后,中国第一家火柴厂、第一家电灯公司、第一家橡胶厂等也相继在广州地区成立。据民国农工商部1912年统计,当时全国使用机器为动力的近代工厂有363家,其中广东有136家,多数在广州地区。[①]这为后期广州乃至珠三角地区发展商业贸易奠定了产业基础。

(四)中华人民共和国成立初期经济困境求突破

中华人民共和国成立后,国内形势紧张,国外形势亦十分严峻,帝国主义国家对中国实行经济封锁,使中国出口受挫,导致大量的出口物资囤积,部分地区又陷入贫困潦倒。20世纪50年代,全国财经工作的中心环节是扩展内外物资交流,活跃城乡经济。

这一时期,国内百废待兴,严峻的国际环境也制约着广东外贸的发展。广东的对外贸易在重重困难中开展,一方面进口了国内急需的工业原料和物资,另一方面扩大土特产和农副产品出口,刺激国内生产,为国民经济恢复和社会主义建设做出了积极的贡献。1950年,广州出现了严重的春荒,各地治安不稳,交通不畅,城乡贸易停滞。国外市场的缺失让华南地区土特产滞销,凸显出物资交流的重要性和紧迫性。会展交流信息与盘活库存的功能被重视,随之而来的就是政策的大力扶持。

三、思潮迭起锐意变革

在文化上,随着粤商的崛起,广东进行海外贸易的风气十分浓厚,商贸文化已经成为广东文化基底中十分重要的组成部分。同时,作为近代民

---

① 邱捷:《近代工商业与广州密不可分》,见广东文化网(http://www.gdwh.com.cn/gdwh/2011/0920/article_2171.html)。

主革命策源地,广东始终领风气之先,锐意创新,这为其在会展业领域开展各类尝试提供了重要的思想积淀。

(一) 粤商文化渐传天下

一方面,明朝时期岭南地区番舶会聚,广州在一定程度上受到了西方文化的影响和冲击。外国商人、水手、传教士们穿行于广州的街巷中,与外国人的交往成为广州市民生活的一个组成部分。

另一方面,广东进行海外贸易的风气十分浓厚。粤商不仅具有开拓冒险精神,并且积累了大量的经验,形成特有的商贸文化。粤商勤奋诚信的经商品质,是促进十三行对外贸易迅速发展的基础。亚洲、欧洲、美洲的主要国家和地区,都与广州十三行发生过直接或间接的贸易往来。粤商早有向外拓展的传统,据史载,早在唐代就有广东人到海外做生意;到了近代,广东商人更是足迹遍海外,广东成为中国著名的侨乡。

(二) 志士敢为天下之先

在晚清乃至民国期间,广州始终是中国思想和政治活动最为活跃的地区。第二次鸦片战争后,广州十三行由于中西贸易环境的恶化及自身积弊而式微,但十三行所打造的浓厚商业文化——包括商品意识和会展意识却从此根植广州,并以其他形式继续展示风采。

清代末期,广州商品赛会思潮兴起,一些岭南地区的有识之士敢为人先,著名的"商战论"的主要代表者郑观应指出,"泰西以商立国,其振兴商务有三要焉:以赛会开其始,以公司持其继,以税则要其终。赛会者,所以利导之也",通过举办商品赛会振兴经济,他还具体阐明了举办赛会的经费筹措、场地建设、参展物品的选用等问题,对于中国近代商品赛会的开展具有一定的指导意义。

另一位著名人士康有为,在1895年的公车上书中提出"变法成天下之治",又于1898年上折指出,"日本之变法也,开商法公议所,商法学校,帝国劝业博览会,萃全国物产人工,比较而赏拔之"。

岭南地区众多先进的知识分子和革命先驱敢为天下先的特质在这一时期表现得淋漓尽致，大批引领时代潮流的杰出人物在广州聚集，革命思想在岭南大地碰撞、激荡、升华，为近代广东会展业的兴起奠定了思想文化基础。

（三）文化传入与振兴

五四新文化运动拉开了中国现代社会的序幕，也是西方文化大规模传入的开端。此时广东的社会生活色彩斑驳，文化发展道路起落交替，但新民主主义文化始终占据重要地位。广东人开始接触西方的科学与文化，提倡新文学与新道德，学习科学与文化，睁开眼睛看世界。广东不仅积极发展自己的文化事业，还进一步加强文化的海外输出，从19世纪50年代开始，粤剧戏班陆续到达美洲和东南亚各国演出。即使广东的文化事业在国民党发动内战时期一度遭遇挫折与冷落，但是广东特有的开放包容、锐意变革的文化底蕴，却为其在会展事业中率先起步奠定了思想基础。

（四）文化经历短暂风霜

中华人民共和国成立后，文化事业由政府文化行政部门统一领导和管理。国家提出了文艺"为工农兵服务""为政治服务"的方向，制定"百花齐放，推陈出新""百花齐放，百家争鸣""古为今用，洋为中用"以及"普及与提高相结合"等发展和繁荣文化事业的方针。到1965年，广州的文化建设遵循这些方针建成了一个以国办为主的文化事业体系，包括文学事业、艺术刊物及博物馆和图书馆建设等，但由于先后经历了"大跃进"和人民公社化运动以及"文革"等一系列历史风霜的洗礼，致使一些文化作品被破坏，文化人身心受到严重伤害，因此，广东文化事业亦经历过一段百花凋零、百鸟噤声的沧桑历程。

第三节　行政主导引领会展发展

在世界博览会蓬勃发展的影响下，近代中国博览会事业也拉开了序幕。近代中国博览会事业，形式上主要包括参加国际博览会、中国自办博览会以及兴建各种陈列所和博物馆等。广东会展业的发展经历了走出国门的初步探索、国内国货展览会的借鉴以及自办展会的实践等阶段，许多现代展会的策划形式、管理模式都在民国时期初现雏形，会展业的发展也是在这一时期从单纯展览的组织与管理向行业化、规模化、系统化转变。

中华人民共和国成立后，广东的会展业尽管有过一段时间的徘徊，但仍然做出了极其积极和重要的探索，形成了以政府为主导的办展模式，对国内会展业发展模式影响深远。特别是"中国第一展"——广交会的成功举办，对广东乃至全国会展业的起步和发展具有里程碑式的意义。它犹如一个三棱镜，汇聚了广州乃至国内丰富的社会资源、外贸产品和国内外供需市场，同时各类资源通过它的整合，亦散发出异样的光彩，发散至全国乃至全世界。

一、主体崛起从参与到主办

1840年，封闭落后的旧中国在鸦片和炮舰的侵蚀下被迫打开国门，开始尝试着认识世界、接触世界。在大多数国人仍对西方事物抱有抗拒和怀疑态度的时候，广东的有志之士勇于"尝百草"，率先参与到世界博览会舞台当中，唤醒了中国人的会展意识。

（一）会展意识逐步深化

鸦片战争后，随着中国逐步进入半殖民地半封建社会，自西徂东的

"赛会热"逐渐蔓延至中国。当时清政府对会展的认识不深,将其视为"赛珍会""赛奇会""乃炫奇斗异之举",对其作用并未重视。这一时期,广东成为"第一个吃螃蟹的人",第一次推开国门,带领中国参与国际性博览会,这成了近代中国会展活动的开端,同时也为后续的会展意识传入中国创造了条件。

1. 广东人推门看世博

1851年,英国首次举办世界博览会,维多利亚女王通过外交途径邀请世界各国参加,当时英国驻华代表和商人都得到了指令,需要他们尽可能地促使中国出席这次世博会。然而,清政府对西方势力始终抱有怀疑和敌视的态度,拒绝参加该世博会。因此,英国驻广州领事馆只能自行建立专门的委员会,组织中国商品赴伦敦参展。而部分在伦敦世博会亮相的中国商品引起了世界轰动并取得了可喜的嘉奖,其中就有上海商人徐荣村带去的荣获金、银两个大奖的中国商品"荣记湖丝"。

【拓展阅读】

中国参加世博会第一人:上海商人徐荣村

上海开埠后,徐荣村作为第一批来沪闯荡的广东商人,在英商"宝顺洋行"担任买办。他以"货则上品,售之则上价"为经商之道,在沪经营丝绸、茶叶,蜚声商界。

1851年伦敦世博会,他以自己的"荣记湖丝"参展,并一举荣获金、银大奖(见图2-7)。评委会对其产品评语是:"在中国展区,上海荣记的丝绸样品充分显示了来自桑蚕原产国的丝绸的优异品质,因此评委会授予其奖章。"徐荣村亦因此被称为"中国参加世博会第一人"。

图2-7 "荣记湖丝"奖牌与获奖证书

资料来源：上海图书馆编《中国与世博会——历史纪录（1851—1904）》，上海科学技术文献出版社2002年版。

清末至民国时期，中国处于内忧外患中，而招商办的封建买办阻碍了海上丝绸之路的发展。第一次世界大战后，很多外国商船被撤走，受实业救国运动的影响，中国航运业有了短暂的繁荣期，很多进出口商品由香港洋行通往海上丝绸之路沿线国家。民国初期的20年间，广东生丝及丝织品出口达到高潮，但是因为政治局面混乱、军阀割据的影响，海上贸易很快进入沉寂期。可见，一个国家的政治军事实力对于海外经济贸易的开展影响重大。国内海上航运业开始反其道向东出发，建立连接日本、朝鲜的远洋航线，并且开辟东南亚航线。此时，广东会展业主要是开眼看世界，广东的商人跟随着政府的脚步，携广货参加各类博览会。

1914年，巴拿马运河开始通航，为了庆祝通航并扩大国际影响，美国决定于次年在旧金山举办巴拿马太平洋万国博览会（见图2-8）。美国派官员游说当时的袁世凯北洋政府派代表团参会，于是农商部设立筹备巴拿马赛会事务局，各省相应成立了巴拿马出口协会进行物品征集，并进行相关奖励，这种由中央部门筹备、地方各省配合的形式也对后期广交会地方代表团的组展形式有所启发。

图2-8　巴拿马太平洋万国博览会中国馆正门及中国馆内部①

2. 会展观念的演进

近代中国博览会是欧风东渐的产物，国人对博览会作用的认识主要经历了三个阶段。1894年以前，国人对博览会认知甚少。广东有识之士郑观应可以说是中国绅商中认知世博会的第一人，他在《盛世危言》中的《赛会》一文中指出，世博会具有沟通世界各国、促进彼此交往的功能，"萃万宝之精英，罗五洲之珍异，百年之内，炫异争奇，此亦万国大通必有之事矣"；同时具有各国取长补短、彼此促进经济发展的功能，认为世博会"萃各国之工艺以斗巧争奇，则我所已能者可以精益求精，我所未能者可以学其所学"。

1895—1905年，随着维新运动和新政的相继兴起，以及清政府推行振兴工商业的系列措施，民间人士和官员对世博会的认知程度在前一阶段

---

① 王强：《民国展览史料汇编》（10），凤凰出版社2014年版。

的基础上有明显提高。

1906—1910年，国人对世博会意义的认知更加具体化，并开始付诸行动，包括完全自主办理参加世博会事务，结束了被洋人把持的海关代办的历史，以及后文即将讲述的1908年起开始议办全国性博览会——南洋劝业会。

3. 南洋劝业会先行

通过世界博览会积累丰富的实践经验后，中国人也开始尝试举办属于自己的博览会。1874—1878年前后，傅兰雅（江南制造局翻译员）和麦华陀（英国驻上海领事）等在华的西方人士与徐寿（江南制造局提调）、王荣和（上海道台翻译员）、唐廷枢等人计划在创设上海格致书院的同时举办博览会。这是国内有组织、有计划举办博览会的首次尝试。

进入20世纪之后，在社会重商主义思潮的推动下，各地纷纷建立商品陈列所，各种名目的劝工会、劝业会、物产会等地方性商品博览会亦开始盛行。但真正具有较大规模的地方性博览会，则是始于1909年在武昌举办的武汉劝业奖进会。值得一提的是，武汉劝业奖进会改变了以往免费参观的方式，采取向所有观众收取3枚铜元入场费的方法，以抵偿筹备期间巨额的开支。尽管设立了入场费这一新举措，但这并没有影响参观者的热情，赛会开幕当天售出了1000余张入场券。这为我国展览事业的发展提供了行之有效的实践经验，并为今天我国展会门票的设置提供了参考依据。

而1910年在南京举办的南洋劝业会（见图2-9），则是我国有史以来第一次举办的全国性博览会。总体来说，南洋劝业会具有以下特点：①集中呈现无数个地方性赛会的精华，参展展品均由地方展会层层选拔而来，因此亦使我国博览会事业由"数点突破"发展成为"中心开花"的劝业会体系；②它是我国首次具有全国规模的大型博览会，除了陈列展品的展览馆外，还设置了会议厅、审查室等会务设施，牌楼、奏乐厅等娱乐设施，劝工场、会馆和商店等贩卖设施，可以说，南洋劝业会已经具有了现代商品展销会的性质；③展品范围广泛，除工农业外，还包括教育、卫生、文化等方面。

图2-9 南洋劝业会纪念册及当时盛况①

因为"风气未开,信用不足,恐无以号召全国之商货",所以南洋劝业会实行官商合办的方式,是官商合力共同推动中国会展业发展的一次尝试。此外,南洋劝业会将清末"赛会热"推向了高潮,揭开了近代中国博览会事业的新篇章。在这场盛宴中,亦不乏广东人的身影,广东地区超前的商品意识,使其在展览行业中始终走在全国前列。

4. 走出去意识不断深化

随着粤商商业贸易的足迹逐渐从广东走向全国乃至世界,越来越多的商人选择参与到各种商品展览会平台中,"走出去"的意识不断深化。广东地区的政府及商业团体亦积极运用展会平台进行商品推广,组织本地的工厂商号参加国内外的各种商品展览会。例如,1928年11月的上海中华国货展览会、1933年6月的芝加哥博览会、1936年8月的新加坡第二次国货展览推销大会、1947年10月的南京全国国货展览会、1947年10月巴西政府举办的国际工商展览会以及1948年12月的香港国货展览会,等等。

广州市相关部门和人士也积极参加各类涉外展览活动,一方面促进了粤商与其他中外厂商之间的交流和学习,推动了国内工商业的发展;另一方面也为广州举办大型国际性展览积累了经验。

---

① 佚名:《南洋劝业会百年回望》,见新浪博客(http://blog.sina.com.cn/s/blog-4874 45f701017lzv.html)。

【拓展阅读】

南洋劝业会上崭露头角的"广东馆"

由于南洋劝业会上广东出品的展物众多，原有展馆不敷陈设，因而在会上分设成广东馆和广东教育馆（见图2-10）两个展馆。广东馆有出品"四千余种，计二万余件"，广东教育馆有出品"三十四类，计二千五百余件"。此外，商业气息浓厚的广东馆还凭借其与众不同的宣传手段吸引了众多观众。在未正式开馆前，观众已忍不住驻足，对布置于馆外的奇花异草、运送至馆内的奇珍异禽叹为观止，只怨"馆房屋工尚未竣，目下游人不得入内以广眼界"。广东馆开馆当天，助兴燃烧的鞭炮、焰火亦不同寻常。鞭炮燃烧长达一小时，烟花置于八丈高台燃放，"喝彩拍掌之声不绝于耳"。

广东馆内还设置有赠物活动，如动物园入场券、商铺赠券等，最多达到3000张。而开馆当天的参观者人数"不下二三万人"。粤商灵活多变、与众不同的宣传手法层出不穷，令观众啧啧称奇。除了上述派送赠券外，粤商还将各自印刷的不下千余套书籍或广告纪念品赠送给各商团、学校、名人等。同时，其他馆内不让游人随意触碰的陈设家具，在广东馆却任人触碰，即使是价值不菲的红木坐椅。

图2-10　南洋劝业会广东教育馆

资料来源：《劝业会场之见闻录：广东馆开幕纪盛》，载《申报》1910年6月14日。

(二) 参展主体渐成熟

随着国人对会展业认识的加深,作为展会核心的参与主体的自我意识更加突出,其中参展商、观众和组展方作为展会最重要的参与者,在近代会展业发展的起步阶段,也逐渐成熟。

1. 粤商参展躬亲践行

广东依靠独特的地理优势和文化传统,始终与世界保持密切的联系和贸易往来,同时还是中西方文化交流和思想碰撞之地,较之其他地区有更多直接或间接的机会参与国外的博览会,因此广东在会展的起源和发展中始终走在全国的前列。

广东作为征集博览会参展物品的主要筹备地之一,粤商与"广货"当仁不让地成为世界博览会的"忠实粉丝"。值得一提的是,尽管当时国内参加世界博览会的商品来自全国各地,但是商品生产者几乎不参与展品的选择、运送和陈列过程,即使是商人也通常只是将货物交付海关洋员,"转运会场代售,亲自西来者绝少"。然而,商业气息浓厚的广东则"商人自行办货赴会者,共有十余人,向由海关洋员照料"。除亲自携货赴会的商人,直接接触国外博览会的广东人还有在西方留学的留学生,其中包括日后成为中国博览会事业首批实践者之一的广东人黄开甲。

在1904年美国圣路易斯世界博览会的赴会筹备中,清政府首次派国人参与承办,黄开甲担任了副监督一职,具体负责展馆的搭建。广东商人程少卿因擅长编制竹器工艺品,其赴美参展的竹丝织造软帘及画图均受世界追捧。

在世界博览会的热潮中,广东凭借得天独厚的优势积极迈开探索的步伐,凭着开拓创新、躬亲践行的精神,在参与各个国际赛会的过程中不断积累经验,为日后自主举办展览会奠定了坚实的基础。

【拓展阅读】

黄开甲：世界博览会事业先行者

黄开甲（1860—1906）是晚清首批留美幼童之一，也是潮汕地区最早的留美幼童，同时是最早参加世界博览会的汕头人。洋务运动期间，清末洋务大臣盛宣怀兴办邮政、轮船招商局、铁路和矿务等近代事业，需要大量熟悉西方知识和事务的人才。黄开甲留洋回国后，在汕头短暂停留，后投奔盛宣怀处，任其贴身翻译秘书，直接参与了中国洋务运动的各项活动，并显示出过人的学识和办事能力。

1904年世博会在美国的圣路易斯市举办，曾参加过1876年美国费城百年博览会的黄开甲（见图2-11），以其丰富的阅历，奉命赴美出任中国馆副馆长，直接主持开馆和展览事宜。当时清廷耗银70万两单独建馆参展，在博览会会场搭建了具有浓郁民族风格的"中国村"和"中国展馆"。"中国村"由城墙团团围起，入口处有牌楼，里面有六七层高的宝塔和中国式的亭台楼阁，吸引了众多观众参观。

值得一提的是，当年黄开甲在世博会晚宴上的演说极为精彩，至今还为人津津乐道。他就美国限制华人入境政策发表精辟的见解："在你们对所有的中国人，包括中国学生关闭大门时，欧洲却向他们敞开胸怀。因为欧洲人知道若干年后这些年轻人对他们意味着什么，也许你们可以通过武力获得很多你们想要的东西，但必须记住，你永远也无法通过武力获得商业的利益……"

100多年过去了，黄开甲等这些留美幼童虽然早已远逝，但那段历史与人物不应被尘封和忘记。以黄开甲为代表的广东人作为第一批投身于世界博览会事业的先锋，对中国近代展览业的发展起到了重要的推动作用。

图 2-11　中国人在 1904 年圣路易斯世博会合影，前排右一为黄开甲

资料来源：黄浩瀚《黄开甲——晚清潮汕最早留美幼童》，载《广东档案》2013 年第 6 期，第 39-40 页。

2. 组织机构专业发展

在博览会传入国内之初，清政府由于对其性质稍有误解，因此参与博览会的积极性并不高，相关事务多由海关主导。1873 年奥匈帝国举办维也纳世界博览会，奥匈政府希望清政府建立一个专门机构负责博览会的展出筹备事宜，清政府把目光投向了当时的海关总税务司赫德。此后，海关长期控制了中国国际博览会参展事务的承办权，从 1873 年的维也纳世界博览会到 1905 年的比利时列日世界博览会，32 年间，海关承办了约 28 次中国国际博览会的展出事务。

此后，清政府对博览会的重要性有了新的认识，同时社会各界参与博览会的热情也大大提高，近代中国会展业迅速升温。1904 年美国圣路易斯世界博览会期间，在广东、上海、浙江等地出现了一些专为参加世博会而筹组的公司，如广东的广业公司、上海的茶磁赛会公司，等等。

至1906年的意大利米兰世界博览会，清政府直接委派驻意公使充作监督，并从国内派出专门的大臣前往协助，不再将此项事务委托给海关，结束了长期以来外国人控制中国参加国际博览会承办事务的局面。至此，出现了专门的展会组织机构，展会的组织、参展的管理逐步向专业化发展，国际博览会承办权收归政府，这也成为我国展览事业由政府主导的历史根源。

（三）主办方多元发展

辛亥革命以后，展会活动多为商人自发的商业活动，而随着举办展会的规模越来越大，展会组织工作的专业性和全面性亦相应有所提高，因此主要以官商合办和商会协助的方式举办展会。

到中华人民共和国成立初期，由于举办展会目的的特殊性以及国内整体经济环境的影响，这一时期展会主办方以政府为主，但是组展团队囊括政府官员、行业专家、工商界人士等，各行业社会精英围绕展会活动各司其职，主办方呈现多元化发展。

1. 官商合办

放眼全国会展业发展大潮，随着行业实践经验的不断丰富，越来越多的社会主体乐于参与到会展业的发展中去。1928年11月1日至1929年1月3日，国民政府工商部和上海市政府、上海总商会联合举办了中华国货展览会，体现了南京国民政府成立初期官商良好合作的局面。1933年成功举办的广州市第一次展览会，也是由广州市政府和广州市商会联合组织策划，并且得到了许多实业企业的大力支持。

抗日战争胜利后，国民党接防广州，广州市商会积极恢复会展业。1946年9月21日，广州市商会召开会议，讨论成立筹备委员会，筹备恢复商品陈列所，以供社会各界参观与研究。在经过半年的筹备后，广州市商会商品陈列所于1947年3月完成筹备，将原址修复完善，陈列的商品除了来自本市大工厂、商号外，还有来自京、沪、平、汉等地的商品。陈列的商品分为纺织品类、工艺品类、本省特产品类等共计9类449种，并雇用两名管理员进行专职管理。

1947年1月30日，广州市商会公布了《广州市商会商品陈列所征集商品启》，该启事旨在说明博征优良国货、陈列展览有利于发展工商业，促进国民经济发展，既可以使出品人互相学习，又丰富了采购者的选择，便利了采购者的对比。至此，广东会展业重新迎来发展的新机遇。

2. 政府主导

中华人民共和国成立后，由于国内特殊的政治与经济环境，这一时期的展览会主要为政治服务，目的是政治宣传和教育民众。因此，这一时期展会由政府全程操办，招展、招商、布展、撤展、宣传报道等均由各级政府部门亲力亲为。由于展会受到计划经济的制约，档次普遍较低，基本上是围绕国内经济形势或重大传统节日，在政府的号召下举办的展销会或以基层贸易形式组织的中低端展销会。

在计划经济时代，具有影响力的展会主要是由政府批准和筹办的，这一办展形式是对清末民初办展模式的继承。由于受到国内外政治及经济因素的影响，这一时期的展会题材具有一定的局限性，但是政府主导举办展会，能够集中力量调动资源建设展会，在会展行业发展之初确实是行之有效的方法。

3. 精英参与

以华南土特产展览交流大会为例，为做好展会的筹备工作，广州市特成立筹备委员会，主任委员由时任广州市副市长的朱光同志担任，副主任委员是张永励。筹委会办公厅下设秘书、总务、财务、宣传、征集布置、联络、警卫、业务等多个部门，还成立了业务指导、建筑工程、美术工作3个委员会。

其中，建筑工程委员会几乎囊括广州市当时一流的建筑工程技术人才，如邓恩、林克明、余清江、金泽光等；业务处则由广州市工商业联合会筹委会主任委员林志澄担任处长，该处的交易科设立广东省内各专区和华东、华北、西南、西北、东北各地的联络小组，负责联络各地代表进行交易。该展会共设10个展馆，每个馆均聘任有关部门负责人担任馆长，并由有关行业的工商界人士协助。

由此可见,尽管中华人民共和国成立初期的展览会主要由政府牵头,临时筹建筹备小组负责承办展会事宜,但小组内已形成完善的组织架构和明确的人员分工,展会工作的专业性已有所提高。

二、广货热潮催生近代展会

广东自古以来就是华南地区的经济中心,商旅云集,商品意识和会展意识较强,对外贸易一直以来走在全国前列,在学习西方发展会展业的过程中勇于探索和实践,敢于创新。一方面积极参与国内外大型展览会,帮助本地货物"走出去";另一方面亦不断尝试实践,自主办展。这一时期的博览事业发展具有一些突出特点:以全国或省级展览会为中心,带动全国、全省展览会的举办;开始出现一系列专门组织展览会的机构;国货展览馆的建设相当踊跃,并且出现了各种国货团体、产业协会和展会宣讲团等。

回顾广东近现代会展业,展会题材逐渐从国货展览会等单纯的展会发展至综合性和专业性展会并存的局面。就具体的展会而言,在展位的布局、展会的宣传营销、展会活动的设计以及现场管理等方面都有了跨越式的进步。展会的策划和组织也已经与现代会展形式十分相近,不少办展的细节之处均为今日展会所继承。

(一) 展会题材时代性鲜明

19世纪末,贸易性展览会已经成为商品流通的重要渠道。进入20世纪,世界博览会事业开始更多地注重展示意义和教育意义,并且开始向专业化发展。除了综合性贸易展览会,专业性展览会也开始起步,展会题材涉及教育、艺术、农业等各个领域。

1927—1937年是中国近代博览事业发展的黄金时期。展览会数量超过了前几十年的总和,并且逐步形成了以国货展览会为主体,各类专业性展会蓬勃发展的新局面,特别是农业、教育、美术、儿童等领域发展尤为突出。此外,如棉织品、丝绸、化学品、矿产、无线电和电气工业等基础物资的专业展览会,受当时社会需求的影响,亦发展迅速,称为"特种展览会"。

1. 国货展览成热潮

南京国民政府成立后,国货运动大热,各地争相举办博览会。1929年,浙江省政府在杭州举办西湖博览会,这是中国近代唯一一次以博览会命名的全国性展览会,是继清末南洋劝业会后影响最大的国内博览会,也是民国史上最具规模的全国性博览会。它促进了我国工商业的发展,具有广泛的社会教育意义,开阔了人们的眼界,强烈激发了人们的忧患意识、竞争意识和对外开放意识,将南京国民政府初期的博览会热潮推向了高潮,这种热潮一直持续到抗战前夕。

由于专业类的展览会专注于特定行业,组织更为简单,且当时市场对于某些社会基础性产品的需求特别突出,造就了广东会展业综合性展览会和专业性展览会共同发展的新局面。其中,广东在积累国内外展览会参展经验的基础上,也积极筹谋自己的展览会。

在国货展览的热潮中广东当仁不让,广州市率先于1931年1月10日在礼宁路西瓜园内举办了为期20天的广州市第一次国货展览会(见图2-12),产品分类陈列,包括食用原料类、制造原料类、毛皮及皮革类、纺织工业品类、陶瓷工业品类等10余种。有关部门积极筹建国货陈列馆,在广州市政府的协调下,最后把馆址定在靠近市场、交通便利的一德路247号(原土地局旧址内)(见图2-13)。

在举办了两次国货展览会和筹建国货陈列馆之后,广州市政府意识到举办展览会的重要意义,于是与商界联手举办了多次国货展览会,许多工厂、商店都送来了展览品。为了给工商业提供更广阔的交流平台、展示广州市政建设成绩,广州又提出举办广州市第一次展览会。1932年11月1日,广州市第一次展览会筹备会成立,聘请李宗仁为名誉会长,由广州市政府派员组成包括9人的筹备委员会。经过3个多月紧张有序的筹备工作,1933年2月15日—3月16日,广州市政府在越秀山镇海楼陈列馆举办了广州市第一次展览会。

图2-12 广州市国货展览会牌楼①

图2-13 如今繁华的广州一德路②

2. 政治专题展览盛行

早在中华人民共和国成立之前,中国共产党就具备了一定的办展经验。解放区的展览主要以工农业生产建设成果展和军事斗争展为主,目的在于宣传党的建设成就。中华人民共和国成立初期,天下初定,民众对新生的政权缺乏认识和信心。为了解决这一问题,共产党人吸取在解放区办展的经验,决定通过展览达到宣传新中国建设成就、揭露封建主义和帝国主义的恶行、提高民族自豪感和自信心、加强民族凝聚力,以及通过外国来华办展,增进国际友谊的目的。1949年11月,介绍全国解放战争胜利形势的"中国人民解放军战绩展览会",在北京故宫午门举办。

中华人民共和国成立以后,新生的人民政权还相对脆弱,国内社会经

---

① 1931年广州市国货展览会牌楼,见又拍图片管家(http://www.yupoo.com/photos/clover1984/39363276)。

② 一德路,见新浪博客(http://blog.sina.com.cn/s/blog_693907590100veai.html)。

济处于百废待兴的状态，巩固国家政权、恢复和发展国民经济成为当时的首要任务。随后为建设社会主义而进行的各类探索活动，如"大跃进"、人民公社化运动等对全国和广州地区的展览活动都产生了影响。1978年改革开放之前，"以阶段斗争为纲"的基本路线决定了该时期会展业主要受到政治因素的影响，所举办的展览几乎都是由政府主导，以政治功能为主，经济功能为辅。这一时期的展会有其鲜明的时代特征，政治题材的展览成为主流。

而在广州影响较大的展会为1955年举办的"苏联经济及文化建设成就展览会"，目的是宣传苏联社会主义建设成就，展出苏联在工业、农业、文化等方面的1.17万余件展品。该展会的展览馆——中苏友好大厦被保存下来，并在后来的展会发展中发挥了重要作用。

3. 物资展览服务经济

20世纪50年代，根据中央人民政府"组织土产的畅流"的指示精神，各地纷纷举办物资交流会。广州亦紧跟潮流，于1951年举办华南土特产展览交流大会，这是继华东、中南之后全国第三个大规模的展览交流大会，它在很大程度上改变了广东地区对海外出口的依赖，通过国家内部的商品交流达到活跃经济的目的。此类物资交流大会、物资展览有别于以往单纯以实现政治思想宣传为目的的展览，对于商品交易、市场信息交流的作用更加凸显，更大程度服务于当地经济的发展，从某种程度而言，此类展会更加贴近目前会展的特点。

在华南土特产展览交流大会上，无论是展会的筹备机构还是现场服务工作，都比前一阶段更细致、严谨和专业。1955—1956年，广州还举办了"华南物资交流大会""广东省物资展览交流大会"和两次"广州出口物资展览交流会"。这些展会的成功举办为广州举办全国性大型展会积累了丰富的经验，为广交会的诞生做好了充分的准备。

【拓展阅读】

华南土特产展览交流大会服务经济发展

华南土特产展览交流大会于1951年10月14日在广州西堤（现在的广州文化公园）举办，其筹办的宗旨和目的是尽快恢复华南地区经济，促进城乡物资交流，粉碎帝国主义的经济封锁和敌特破坏，巩固新生政权。

该展览会的筹备历时4个月，会址是在昔日的"西堤灾区"的废墟上建造起来的，筹备过程涉及工人约3000名，专家、教师、学生、干部等共2000多名，其规模之大在当时实属罕有。

展览会向参展的观众综合展示了华南地区富饶的物产以及工矿、水利、财政、金融、贸易、交通、邮电等行业的现状及其如何为生产、交流服务，同时还综合展示了广东以及华南地区当时先进的生产力和生产工具，展览内容极为丰富。

展览会开幕后，观众络绎不绝，仅两个半月的时间，参观者即达153万余人次，等于当时广州市的总人口数。有641个来自全国各地的贸易代表团和参观团，人数达3万余人。在展览会期间，他们进行了业务交流和交易活动，成交总值达人民币11831亿元（旧币，合新币1.1831亿元），超额完成了原定的1万亿元（旧币，合新币1亿元）的目标。展览会的举办，对华南地区经济的迅速恢复和发展，对粉碎帝国主义经济封锁和敌特的破坏、巩固新生政权起到了极大的作用。

资料来源：《记广州文化公园的前身——华南土特产展览交流大会》，见广州文史网站（http://www.gzzxws.gov.cn/qxws/lwws/lwzj/lxd_4/201012/t20101206_19850.htm）。

(二)展会策划更加精细

1. 展会布局科学化

由于展览会规模的不断扩大,展品数量和类型亦大幅增加。因此,展会组织者开始需要考虑对展位和展区进行更加合理、科学的规划。在筹备广州市第一次展览会(见图2-14)时,将革命纪念馆设在了整个会场的入门之首,展出的革命纪念物分为遗迹、党务、记载、报章、卷宗和杂件六大项,在布展过程中有重点地排列展位,与现代展览中特装展位的设置有着异曲同工之妙。

图2-14 广州市第一次展览会纪念大铜章正反面①

市政馆主要展示市政府的公用事业、社会事业、卫生事业、工务设施、财政状况和土地行政。民俗馆展出的主要是国内西江流域的少数民族用品,还有东南亚的马来西亚、越南、泰国等国家的物品。古物馆陈列的古物众多,因而采取了逐日更替的陈列方法,使得每日展示的古物都有所不同,吸引观众一再前往参观。

2. 展会布置多元化

在布展风格上,为带动展厅人气,吸引观众驻足,组展方和参展商都在展会现场布置上花费很多精力。例如,在1951年举办的华南土特产展览交流大会(见图2-15)上,一共设置了12个展馆,包括物资交流馆、

---

① 见易拍全球网(http://www.epailive.com/goods/17809)。

食品（食料）馆、水果蔬菜馆、手工业（手工艺）馆、山货林产馆、水产馆、工矿馆、农业馆、日用品工业馆、省际馆、交易服务部、娱乐饮食部。各参展商结合自身地域特点及产品特色对展厅和展位进行设计和布置。例如，水果蔬菜馆把绿油油的果树移至室外展厅，现场栽种了芭蕉树、潮州柑、新会橙等南国果树（见图 2-16），10 多块菜地种着各种瓜果蔬菜，供各地来宾、参观者目睹瓜果蔬菜的生长态势；水产馆外面则有水池，池中养了各种鲜活的水产；娱乐饮食部里还设有溜冰场、音乐厅、露天茶座、剧场等。

本次展会的公共环境设置亦比以往的展会更加丰富。在 4 万平方米的会场中，除了分布着 12 座风格各异的展馆外，在各展馆之间的空地上，还分布着一片片栽种着南国特色花木的草坪，并设有帐篷、竹木桌椅。草坪上竖立着 50 把鲜艳夺目的太阳伞，千百面彩旗迎风飘扬（见图 2-17）。场内还装有合计长达 4500 米的各色各样的霓虹灯管、800 支光管和 2500 支电灯。当夜幕降临，五彩缤纷的灯光勾画出会场的美丽夜景。

图 2-15　华南土特产展览交流大会会场①

---

①　中南区土特产展览交流大会宣传部编印：《华南土特产展览交流大会参观手册》，1951 年，第 50-99 页。

图 2-16 交流会上介绍岭南佳果荔枝①　　图 2-17 交流大会开幕盛况②

3. 展会组织深入化

广州市第一次展览会对于展会的现场管理更为严格，特请宪兵和警察维持现场秩序，同时配备慈善救火队员驻于会场内。广州市第一次展览会除了征集本市展品送会陈列外，还承接国内各界人士及港澳同胞、海外侨胞送来的珍贵物品参展。广州市政府为保证展品的安全，通过羊城保险公司为展品购置保险，这成为会展业发展历史上的一大突破。

除了大量实践经验外，广东人对于会展业的认识也进一步加深。展会组织者开始关注展会的营销和宣传（见图 2-18），商家也逐渐认识到展览会作为重要的营销平台是吸引客户的重要方式。因此，在广州市第一次展览会举办的前、中、后期均在当时的《广州民国日报》上做宣传报道，内容涉及开幕前的宣传、参展规则、展会追踪报道等。

---

① 见家乡网（http://www.jiaxiangwang.com/cn/gdguangzhou-1951-tutechanjiaoliudahui.htm）。

② 《各界人民进入华南土特产展览交流大会会场》，载《南方日报》1951 年 10 月 15 日。

第二章 政治通道与广东会展二百年

图2-18 广州市第一次展览会参展商打出"一律七折"的口号宣传自身产品[①]

在1951年举办的华南土特产展览交流大会上,展会主办方为展会编制了《参观手册》(见图2-19),包含展会概况、展厅介绍、部分参展商广告、展会宣传通稿等,对展会的基本情况和参展事宜进行简单介绍。观众可根据《参观手册》了解展会的基本情况,并根据自身需要有针对性地进行参观。

---

① 《越华报》1933年3月3日第1版。

图2-19 《华南土特产展览交流大会参观手册》①

(三) 展会功能更加综合

除了正式的展览贸易活动之外,为了让展览内涵更加丰富,展览会期间还举办了层出不穷的展会活动,不断赋予展会更多新的功能,使其满足市民的不同需求。据记载,1933年2月15日,广州市第一次展览会的开幕典礼现场布置极具东方特色,入口处长城形状的牌楼和出口处的塔楼前

---

① 见孔夫子旧书网(http://book.kongfz.com/765/440830176/)。

后呼应,展会夜间光焰冲天,雄伟壮观。会场正门位于越秀公园山顶最高处的中山纪念碑旁,纪念碑的左侧是幻术馆,右侧是会场入口的"长城"牌楼。展览的内容丰富多彩,设有古物馆、革命纪念物馆、幻术馆、工商馆、美术馆、民俗馆、武备馆、农业馆、市政馆、模型馆和教育馆。此外,大会现场还开设了游艺场所,表演粤剧、有声电影、杂技、魔术、舞狮等,热闹空前。

三、百届不衰广交会创先河

在帝国主义封锁下,中华人民共和国成立初期的外贸形势不容乐观,而 1951 年举办的华南土特产展览交流大会取得的巨大成功,令广东商界不少有识之士及港澳商人认识到商品展览的重要作用。因此,他们纷纷呼吁举办全国性的出口商品展览会。

1956 年 6 月,外贸部驻广州特派员严亦峻指出,举办展览交流会可以集中全面地介绍我国的出口商品,了解海外市场,对推动我国出口工作有重大意义。外贸部对此表示认同并提出"在广州成立永久性、全国性出口商品样品馆"。1956 年 11 月 10 日,作为广交会前身的中国出口商品展览会在广州中苏友好大厦顺利举办。为期两个月的展览会共接待来自 37 个国家和地区的 2736 人次,出口成交额达 5380 万美元。这次展会的成功举办为其后创办的中国出口商品交易会积累了丰富经验。

1957 年 4 月,经过多场展会的经验积累和酝酿,"中国第一展"——中国出口商品交易会(广交会)终于千呼万唤始出来。从中华人民共和国成立初期到改革开放前,广交会伴随着我国社会经济的发展,经历了以下阶段:①1957—1958 年,为广交会快速发展的阶段,各项指标迅速提升;②1959—1962 年,受"大跃进"和经济困难等因素影响,广交会处于低迷徘徊阶段;③1963—1965 年,随着我国农业生产得到全面恢复,广交会迎来短暂的春天;④1966—1976 年,"文革"十年动乱,广交会在困境中探索前进,这期间广交会经历了高潮与低谷,但广交会仍然力挽狂澜,不断前行,亦使广州会展业历史得以延续,从未间断。

百届广交会的成功举办,对于广东乃至全国对外贸易的发展和繁荣起到了极其重要的作用,作为"中国第一展",它与广东现代会展业共同成长,彰显着广东会展业的丰富内涵、实践经验和发展思路。可以说,广交会是广东会展业的一个缩影,值得对其进行深入的挖掘。

【拓展阅读】

广交会的诞生

1956年6月,外贸部驻广州特派员严亦峻向外贸部和广东省委正式提出建议,在广州举办全国性的出口商品展览交流会。在建议中,严亦峻指出,在封锁形势下,出口贸易的重心在于港澳以及东南亚商人。他在建议中说,过去许多港澳人士对祖国不了解,甚至抱有怀疑、畏惧的态度,自广州举办交流会以来,他们一再回来参观做买卖,对祖国的感情也越来越深。《中国新闻周刊》报道,"1956年,正值对资本主义工商业进行社会主义改造的高潮,港澳商人中普遍存在着被'充公'的顾虑",极其不利于港澳和大陆关系的良态发展。

严亦峻深谙政治局势,巧妙地突出了展会在特殊历史条件下作为经济工具之外的政治作用,得到了外贸部上下的一致认可。

严亦峻也因此被称为"广交会开山鼻祖"。他一生中多次主持广交会的举办,伴随着99届广交会的起起落落。在一次采访中,已是耄耋之年的严老回忆道:"当时我担任外贸部驻广州特派员,就把这个想法对时任广东省委书记的陶铸讲了,他大力赞成。于是,1956年6月上旬,我以个人名义向外贸部发出电报,建议于当年9月、10月间在广州举办一次全国性的出口商品展览交流会。

这个建议经外贸部同意后上报国务院，得到了周恩来总理的重视和批准，国务院9月上旬下发电报，同意我的建议，同时通知各部委予以支持。从发出申办电报到展览会开幕（见图2-20），仅用了4个多月时间，这种效率即便在现在也毫不逊色！"

图2-20 中国出口商品展览会开幕式

资料来源：中国对外贸易中心编《百届辉煌》，南方日报出版社2006年版。

（一）开创中国首个定期展览会

在广交会举办前，我国的展览会属于临时性展览会，没有固定的、持续的展期。作为国内首个定期展览会，广交会对于展会时间亦有一番考究。经过综合考虑世界各地气候的差异、世界各地人们抗寒抗热能力的差异、世界不同民族的节日习惯、举办地广州的气候特点以及市场购销特点等,认为广交会在春末夏初以及秋末冬初举办为宜。由于每年 4—5 月以及 10—11 月广州气温宜人,且我国出口商品多为农副产品,季节性强,适合在春、秋两季进行交易,而采购商需要考虑销售、仓储、资金周转周期等因素,一般乐于接受一年两次订货的周期。因此,确定广交会于每年 4 月和 10 月举办。

广交会的定期举办不但对其品牌形象的稳定性和发展的可持续性具有重要作用,同时为其后举办的展览会提供了借鉴。

(二) 首次成立常设组展方

相较于之前的展会,广交会在展会组织架构上有了更加明确的划分。在首届广交会上,明确了展会由广东省政府和原外贸部共同组织,设工作委员会,由外贸部、广东省、广州市及其有关单位以及各外贸总公司负责人共 31 人组成。

1957 年 3 月,中国出口商品陈列馆成立,它作为广交会的常设机构,为广交会提供展览、洽谈场地,组织陈列布置,联系接待国内外来宾,负责客户资信、邀请等。至此,广州会展业开始逐渐有了现在"主办"与"承办"机构的划分,中国出口商品陈列馆亦成为当时为数不多的专门承办展览会的常设机构,是会展企业的雏形。

(三) 办会刊成宣传新渠道

广交会非常注重展会的宣传与推广工作,如在 1965 年春正式创办了《中国出口商品交易会会刊》。该会刊主要介绍该届广交会的举办背景,如我国外贸形势、相关政策以及我国各类出口商品情况和广交会基本情况等,也刊登各省、市、自治区外贸局、各交易团领导以及港澳同胞的撰文。每届广交会出版会刊两本,均为中英文对照版本,并派发给与会来宾。来宾可以通过会刊了解中国外贸情况,帮助其做出交易决策,亦可以获取参展信息、寻找贸易成交对象等。

广交会会刊的创立为展会的举办建立了一个崭新的、稳定的宣传窗口,与会来宾获取会刊、长时间保留会刊,拓宽了展会宣传的覆盖面和持续时间。作为来宾参加展会的重要指引,会刊的发行亦成为展会组织者提高展会服务水平的全新渠道。

(四)展会活动精彩纷呈

除了展览活动本身,展会期间的各类配套活动也随着广交会的举办而逐渐活跃起来。首届广交会即举办了开幕和闭幕酒会(见图2-21),接待前来参展的中外来宾。同时,展会期间还举办了花灯茶会、电影晚会、参观游览(见图2-22)、大小座谈会等促进交易的活动。

图2-21 广交会闭幕酒会①

图2-22 参展商参观佛山祖庙②

四、从展览到展业华丽转型

除了展会参与主体和办展主体日益成熟,广东会展行业亦向系统化发展。固定的会展场馆的设立、展会标准的制定,都使展会从一个单纯的产品陈列、商人销售的活动延伸至一个行业甚至全社会共同参与的社会经济活动。

(一)从短期走向固定

展馆作为展会举办的重要载体,随着展会的发展而不断完善。由最初

---

① 中国对外贸易中心:《百届辉煌》,南方日报出版社2006年版,第63页。
② 中国对外贸易中心:《百届辉煌》,南方日报出版社2006年版,第65页。

的市集、商品陈列馆最终走向场地固定、设施完备的展览馆。自1951年起，广州为举办各类大型展览会，全力开展展览馆的建设。广州的主要展馆亦随历史逐渐变迁，其中闪烁着不少广东本土建筑先驱者智慧成果的光芒，他们是广东会展业发展的引领者，其展馆作品也是行业发展的重要见证者。

1. 陈列馆振兴会展行业

近代中国博览事业的先声，是在各地设立商品陈列所。戊戌变法期间，光绪帝下令在京师、广州、上海相继设立商务总局。1905年7月，广州商务总会成立，又称"广东总商会"，为商人间的合作创造了有利的条件，在全省各行商的活动中发挥协调作用。1906年，清政府农工商部设立京师劝工陈列所，"专供陈列中国自制各货，供以观览，以为比较改良之张本"。其后广州、沈阳、上海等省会和通商大埠纷纷设立商品陈列所。这一系列商品陈列所，便是中国建立最早、形式最简单的展览场馆，为中国自办博览会提供了场地基础。

在1905年4月广州制定的《广州商务总会协办章程》中，明确了"创陈列馆以兴工艺"是商务总会的职责之一，提出"开办一个产品展览厅"，这为广州商品展览会、陈列馆的兴办提供了官方保障，会展场馆作为会展业发展的重要基础设施受到重视。

民国时期，由于展览数量增多，在政府引导下展览场地也有了规模。《全国举办物品展览会通则》规定了举办每种展览会的申请程序，让各地在举办展览会之前，先行筹设国货陈列馆，并令其负责展览会的征集出品等工作。因此，国内的会展活动逐渐有了相对固定的举办场地。

1933年2月，广州市举办第一次展览会，越秀山镇海楼成为广州市陈列馆（见图2-23）。民国时期，会展业无论是在操作流程、组织过程，还是在建设展览馆方面都积累了丰富的经验，这为日后广州筹办广交会打下了坚实的基础。

第二章 政治通道与广东会展二百年

图 2-23 镇海楼——曾经的广州市陈列馆①

2. 废墟上崛起的展览馆

为迎接华南土特产展览交流大会的举办，广州结合当时的建设情况，初拟两个场馆选址方案：一是海珠桥北废墟处，该废墟是国民党在撤退时炸毁海珠桥造成的；另一个是西堤灾区一带，该灾区是日寇侵占广州时轰炸、烧杀、抢掠造成的。时任广州市副市长朱光在征询意见后，决定把馆址定在西堤灾区。西堤灾区由西濠口往西到镇安路，往北到十三行，面积约4万平方米。

当时有人主张参照天津、武汉土特产展览会的做法，搭建临时性的竹棚作为展馆，在展览过后将其拆除。毕业于法国里昂建筑工程学院的工程师林克明提出不同的意见，他建议建设半永久性的建筑作为展馆，展览结束后还可以作为市民活动场所，一举两得。他的建议最终被采纳，林克明被委任负责展馆的设计工作。林克明组织中山大学建筑系的教授、专家，每人负责设计一个展馆。1个月内，居住在灾区内的5000户居民迁移出西堤。连设计带施工，不到3个月，在一片荒凉的土地上建起12座形态各异的建筑物（见图2-24）。

---

① 见广州博物馆网站（http://www.guangzhoumuseum.cn/main.asp）。

81

图2-24 华南土特产交流展览馆正门、工矿馆和物资交流馆样貌①

会场内还设有海关、税务局、银行、交通机关配合交易，提供服务。整个会场集展览、交易、饮食、娱乐于一体，开幕后成为全广州最热闹、最繁华的一个地区。展会结束后，该会场于1952年改为岭南文物宫，1956年改名为广州文化公园。

3. 广东首个固定展览馆

1955年，广州筹办"苏联经济文化建设成就展览会"，因此决定兴建广州中苏友好大厦。不同于京、沪两地中苏友好大厦由苏联专家设计，广州的中苏友好大厦——包括旁边的体育馆（后改建为锦汉展览中心）均由林克明（见图2-25）设计。

广州中苏友好大厦坐落于流花路，初期为举办"苏联经济文化建设成就展览会"而兴建，占地11.4万

图2-25 广州近代建筑先驱者林克明

平方米，建筑面积为1.83万平方米，每天可接待3万人次以上的观众参观，其后成为第一届广交会场馆，亦是广东首个固定的展览馆。

---

① 中南区土特产展览交流大会宣传部编印：《华南土特产展览交流大会参观手册》，1951年，第50—99页。

【拓展阅读】

广州本土设计师的杰作——中苏友好大厦

广州中苏友好大厦（见图2-26）由广州本土建筑先驱者林克明先生设计，该大厦是广交会的重要见证者。它集适用、经济、美观于一体。

中苏友好大厦于1955年4月破土动工，时值梅雨季节，天气潮湿。全体工程技术人员和建筑工人夜以继日奋战5个月，最终于同年9月底建成比北京、上海两地中苏友好大厦规模更大，造型庄严瑰丽的广州中苏友好大厦。

大厦前为1万平方米的大广场，广场上矗立一座高7.7米、坐落在6.5米高的底座上的大型雕塑——一位中国工人与一位苏联工人紧紧握手，中国工人手拿建设蓝图，两人并肩迈步向前，象征中苏两国人民牢不可破的友谊。广场中心建有一个39米长、16米宽的喷水池，水池两边安装了22盏反射灯，每盏灯周围又装有12支小喷水管，水池另外两头则有两座用水泥制成的大莲花，花蕊里装有18支喷水管和一个更大的反射灯。只要启动开关，晶莹的水花便喷射而出，扬起数米高的水柱。广场后面则是一栋三层楼的中央大厅，6对从地面拔起、直耸楼顶的立柱构成了大厅宽阔的大门。

中苏友好大厦坐落于广州桂花岗的荒地之上，瑰丽迷人，据老一辈广州人的描述，其宛如神话中的水晶宫，使人仿佛置身于梦幻仙境，流连忘返，成为广州建筑史上一个里程碑。

图 2-26 中苏友好大厦

资料来源：叶曙明《广交会》，广东教育出版社 2010 年版，第 50-52 页。

4. 广交会促进展馆提升

广交会初到流花路时，那里还属于广州市北郊，一片荒芜，未及开发。但随着广交会规模的扩大，主办方认为租用中苏友好大厦举办广交会并非长久之计，因此在第 2 届广交会结束后，主办方决定从参加广交会的出口公司成交额中抽取千分之三作为兴建新的永久场馆的资金，并在广州市中心的海珠广场东侧侨光路 2 号建成中国出口商品陈列馆（见图 2-27），这是广交会历史上首次迁址。

该陈列馆于 1957 年 11 月动工，1958 年 4 月竣工。该馆占地面积为 3600 平方米，楼高 5 层，建筑面积为 1.45 万平方米，展馆使用面积为 1.3 万平方米。时任国务院副总理陈毅为该馆题写了"中国出口商品陈列馆"馆名。第 3 届至第 5 届广交会正是在此举办。海珠广场会展场馆的兴建，还带动了一批与会展相关的配套服务设施的建设，如银行、邮电、保险、航运等服务台和样品销售处、酒吧间等。

随着第二个五年计划的全面开展，我国外贸经济发展迅速，落成不久的侨光路 2 号陈列馆已难以适应广交会规模的扩张。因此，1958 年 11 月，广交会新馆在起义路 1 号（见图 2-28）开始投入建设，并于 1959 年 8 月竣工。新馆占地面积为 1.09 万平方米，总建筑面积为 4.02 万平方米，展馆使用面积为 3.45 万平方米，是原来侨光路展馆的 2.65 倍。第 6 届至第 34 届广交会均在此馆举办。

图 2-27　侨光路 2 号中国出口商品陈列馆①

图 2-28　起义路 1 号陈列馆②

5. "流花玉宇"成展馆经典

1974 年，广州火车站投入使用，原中苏友好大厦扩建为中国外贸中心大楼，广交会因此又重回流花路。建设流花展馆投资 2075 万元，占地面积为 9.95 万平方米，建筑面积为 11.05 万平方米，比原海珠广场展馆扩大了一倍，是当时广东最大的单体民用建筑物。

流花展馆的正面，镶嵌着由时任全国人大常委会副委员长、书法家郭沫若手书的"中国出口商品交易会"9 个金色大字，字高 4.8 米，以钢筋水泥塑造，平均每个字重达 300 千克，装饰时共使用黄金 1.1 千克。

广交会花落越秀山下，每当广交会举办期间，流花展馆（见图 2-29）与周边的广州火车站、东方宾馆新楼、友谊剧院、流花宾馆等交相辉映，到处张灯结彩，犹如"琼楼玉宇"，因而流花展馆亦得了"流花

---

① 见搜狐网（http://news.sohu.com/20061012/n245757674.shtml）。
② 见商务历史网站（http://history.mofcom.gov.cn/?pape_ id=2018）。

玉宇"的美名。

图 2-29　流花展馆①

(二) 从松散走向系统

近代以及中华人民共和国成立初期举办的展览会，由于办展经验的局限，展览往往与当地城市以及其他行业处于相对独立而割裂的状态。但是，随着广东办展经验的不断积累，各类大型展览的举办，客观上促进了广东加快各类基础设施的建设进度，会展业与城市发展呈现良好的互动促进的局面。

1. 城市设施不断完善

尽管中华人民共和国成立初期广东整体发展历经寒冬，但广东会展业的发展步伐并没有停止。20世纪70年代，中国外交外贸有了新进展，国务院批准立项"广州外贸工程"，拨款6000万元。1977年，邓小平恢复

---

① 中国对外贸易中心：《百届辉煌》，南方日报出版社2006年版，第155页。

职务，纠正"两个凡是"的错误认识，这是全党解放思想的先导。国家开始以经济建设为中心，在广州的重要体现就是开始建设广交会展馆及各种配套设施，先后兴建了流花展馆、东方宾馆新楼（见图2-30）、流花宾馆和白云宾馆、民航售票大厅和火车站（见图2-31）等一批配套设施，会展环境逐渐完善，为广州诸多交易会的发展提供了基础。

图2-30 东方宾馆新楼①

图2-31 广州火车站②

2. 城市服务再上台阶

在中华人民共和国成立初期，为了展会的成功举办，越来越多的行业参与到城市会展活动中。但这一时期由于城市基础设施建设仍比较薄弱，社会物资相对短缺，需要政府对公共资源进行合理的统筹与调配，以保障展会的顺利举行，会展相关配套行业之间的协作仍由政府牵头主导，而非市场自发行为。

例如，对于来宾的住宿与交通，从第一届广交会开始，外商即被安排入住爱群大厦，华侨入住华侨大厦，港澳同胞入住新华、新亚、和平、北京及南方大厦等酒店。另外，大会还安排大客车，往来展馆和酒店接送嘉宾，在广交会展馆及来宾住地还设立三轮车营业站，派专人管理，来宾优先乘车。

当广交会成为一个永久性的大型城市活动时，组展方就有了更多的时

---

① 叶曙明：《广交会》，广东教育出版社2010年版，第90页。
② 叶曙明：《广交会》，广东教育出版社2010年版，第91页。

间思考展会的组织和管理细节，展会服务质量随之提升。在计划经济时期，尽管国内生活必需品比较紧缺，但政府仍最大限度地整合社会资源，对广交会的来宾给予特殊的照顾，包括向来宾提供饮食和日用品，对于统购统销的商品，如粮油、糖、肉、鱼、蛋以及肥皂、火柴等，均在会前做了计划专供，而名贵海产品、高档烟酒等，则另行安排调拨。

在会展行业市场化发展的今天，大范围调动国家和社会资源为展会参展商及观众给予特殊照顾已不符合社会与行业发展规律，但当时广交会给予参展商和观众的全方位、高度统一、无缝对接的展会服务意识仍值得今天的会展业借鉴。

【拓展阅读】

全市动员筹备华南土特产展览交流大会

在华南土特产展览交流大会筹备期间，成立了负责接待来宾的联络处，同时负责联系本市的旅店、茶楼食堂、交通机构。在大会举行前，本市旅店业、酒楼茶室业、粉面茶点业、轮船业及三轮车各基层委员会等还举行了动员大会。当时大会秘书长何庶仁做了动员讲话，他提到"到会各行业对各地来参加大会的代表之食、住、行接待得如何，与广州工商界信誉分不开，必须好好地为大会服务"。同时，动员大会还对展会期间服务业价格进行了宏观调控，对大会开幕时食、住、行的各种价格进行合理的统一规定，甚至在可能的范围内比日常价格更便宜一些，如餐饮方面，中餐设甲、乙、丙三种客饭：甲种8000元（旧币，下同），乙种6000元，丙种4500元；西餐6000元，交流餐9000元。旅店得到贷款更新设备。各地来宾乘坐车船、搬运展品，均制订有具体的优待办法。仓库业成立服务小组，拨出仓库总面积的20%用于存放展品，并按最低级的货物价值的 7 折收费。

资料来源：广州市政协文史资料研究委员会编《广州文史·工商界参加华南土特产展览交流大会纪实》（第六十辑），广东人民出版社2003年版。

（三）从自发到规范

广东人的努力推动了会展业的发展与繁荣，各类行业规章制度的完善使会展业的发展有章可循，逐渐走向规范化、制度化，为日后广交会的诞生奠定了行业基础。

1. 牙商成最早管理群体

墟市除了向主题化、专业化发展外，定时、定点的对外贸易"定期市"也出现了。牙行的兴起更是广州会展业从展品到组织形式逐渐走向世界的重要一步。

为了规范"定期市"，市舶司指定"牙商"与外商进行贸易。后来，牙商的角色越来越重要，因此逐渐形成了自己的组织，即"牙行"。明代后期，由于前来广州的西方商人越来越多，地方官员将其安排住进负责接待藩属国贡使的"怀远驿"，并通过牙行商人进行贸易。而这种通过牙商管理中外贸易的形式，在清代亦有所继承，并逐渐演化成后来的十三行管理体制。

2. 会展业的制度化发展

清末，我国的博览会事业多以民间商人自发参展与自发组织为主。随着清政府对博览会有了新的认识，参加和举办博览会的重要性被提到了新的高度。为了规范博览会事业的发展，1905年11月，清政府商部参照各国赛会情形，专门颁发了《出洋赛会通行简章》二十条，它成为清政府参加国际博览会的标准，也使得我国商品赛会的筹办向制度化发展。《出洋赛会通行简章》在提倡商人出洋赴赛的同时，也倡导在国内举办商品陈列所、劝工会、劝业会和物产会等各种类型的展览会，以刺激工商业的发展。

1928年通过的《国际展览会公约》，以及国际展览局的成立，标志着协调与规范世界展览业的国际法律体制正式确立，从此世界会展事业向制度化发展。此时，中国博览会事业也紧跟世界发展的趋势，国民政府工商部为了理顺我国展览会的管理机制，将国货商品展览会的发展制度化，成立了专门的负责机构——国货陈列馆。

对于行业规章制度，各地亦做出了相应的尝试并逐步完善。江苏省于1915年、1921年、1925年分别举办了三次地方物品展览会，并且在1920年制定了《地方物品展览会章程》。南京国民政府在1928年12月27日公布了《全国举办物品展览会通则》，首次对我国举办的各类展览会进行类别划分，分为全国物品展览会、地方物品展览会、特别物品展览会。

1935年2月6日，为了进一步规范广州会展业秩序，广州市政府指令广州市商会修订商品陈列所各项规章制度，并准予备案。修订的有关规章制度包括《广州市商会商品陈列所章程》《广州市商会商品陈列所征集商品规则》《广州市商会商品陈列所出品说明书式样》《广州市商会商品陈列所附设国货征销场章程》等共计13种。这些规章制度明确了举办各种商品陈列活动的实施办法，首次对广州会展业提出具体的要求和规范，具有较高的权威性、指导性和法律效力。

1947年1月30日，广州市商会公布了《广州市商会商品陈列所征集商品启》，该启事旨在说明博征优良国货和陈列展览有利于发展工商业、促进国民经济发展，既可以使出品人互相学习，又丰富了采购者的选择，便利了采购者的对比。与该启事一起发布的还有《广州市商会商品陈列所征集商品办法》《广州市商会商品陈列所商品说明书》和《广州市商会商品陈列所出品志愿书》。

除了宏观层面的行业性规范指导外，对于具体的展会亦有相应的规则制度，用以提高展览会的管理效率。例如，在广州市第一次展览会上，大会主办方对于参展商的筹展、撤展时间，开幕时间，展品管理等均有明确的规定，关于观众的参观时间、展览会现场安全指引等亦清晰列明（见图2－32），可见广州展览会管理已逐步走向规范化。

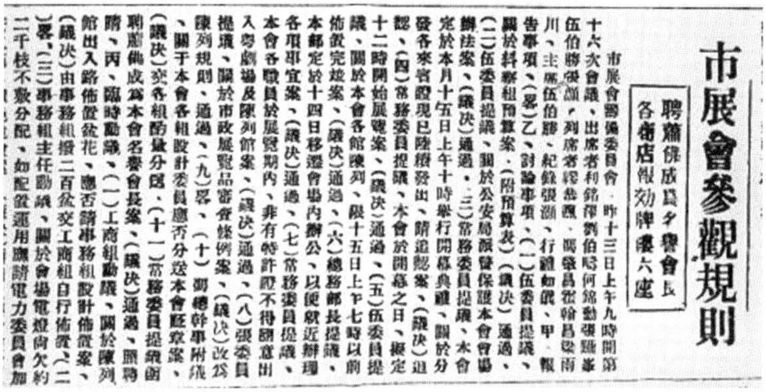

市展會參觀規則

聘謝偉成爲名譽會長
各商店報効牌樓六座

市展會籌備委員會、昨十三日上午九時開第十六次會議、出席者利銘澤劉伯晧何錦勳張難峯伍伯勝張灝、列席者梁益甄、賜發昌張翰昌樊雨川、主席伍伯勝、紀錄張灝、行禮如儀、甲、報告事項、(畧)乙、討論事項、(一)伍委員提議、關於科察組預算案、(附預算表)(議決)通過、(二)伍委員提議、關於公安局派警保護本會會場辦法案、(議決)通過、(三)常務委員提議、本會定於本月十五日上午十時舉行開幕典禮、關於分發各來賓證現已陸續發出、請追認案、(議決)追認、(四)常務委員提議、本會於開幕之日、擬定十二時開始展覽案、(議決)通過、(五)伍委員提議、關於本會各館陳列、限十五日上午七時以前佈置完竣案、(議決)通過、(六)總務部長提議、本部定於十四日移遷會場內辦公、以便就近辦理各項事宜案、(議決)通過、(七)常務委員提議、本會各職員於展覽期內、非有特許證不得隨意出入粵劇場及陳列館案、(議決)通過、(八)張委員提議、關於市政展覽品審查條例案、(議決)改爲陳列規則、通過、(九)畧、(十)劉總幹事附殖、關于本會各組設計委員應否分送本會紀念章案、(議決)交各組酌量分送、(十一)常務委員提議函聘謝偉成爲本會名譽會長案、(議決)通過、照聘請、丙、臨時動議、(一)工商組動議、關於陳列館出入路佈置鮮花、應否請事務組設計佈置案、(議決)由事務組撥二百盆交工商組自行佈置、(二)畧、(三)事務組主任動議、關於會場電燈尚欠約二千枝不敷分配、如配置運用應請電力委員會加

图2－32　广州市第一次展览会参观规则①

---

①《市展会参观规则》，载《广州民国日报》1933年2月14日第2张第1版。

第三章

经济平台与广东会展四十年

中华人民共和国成立后，百业待兴，一方面需要加紧国内经济建设，另一方面需要加强与世界的联系，特别是加强经济贸易上的交流与合作，以打破帝国主义的重重封锁。在复杂的形势下，发展会展业成了重要的战略选择。

这一时期海上丝绸之路迎来新的曙光，成为我国商品贸易的重要平台。广东凭借地缘优势和长期以来积累的商品贸易基础，率先打造出"广交会"这一会展名片，百届广交会是广东会展业发展的见证者，也是会展行业整体提升的触发器。改革开放后，特别是进入21世纪以来，广东会展业更是通过多核心、差异化发展，逐渐形成了在国内外具有一定影响力和知名度的会展集群。

第一节　改革开放以来海上丝绸之路发展历程

20世纪80、90年代可以说是属于广东人的年代。在这场扭转我国命运的改革开放中，广东人又一次挺身而出，成为改革开放的"领路者"。那个年代广东所表现出来的新思维、新视野，犹如春雷惊蛰，所及之处地动山摇，天地间发生了翻天覆地的变化。

一、改革开放迎来发展曙光

虽然经历了计划经济的徘徊，但我国的海上丝绸之路贸易没有完全与世界脱离。改革开放初期，我国意识到港口贸易在辐射国内外两大市场经济与促进货物流通中的重要性，因此全面且系统地建设沿海港口，港口规模快速扩大，吞吐量增加，并围绕港口形成了一系列工业基地，以及四通八达的海上航线（见图3－1）。

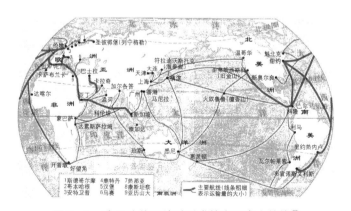

图3－1　我国改革开放后形成的主要海上航线①

---

① 见航运海事资料网（http://www.ddgo.net）。

广州港作为历史上重要的国内外贸易港口，也恢复了往日的辉煌，成为中国第四大港、世界第五大港，发展成为国家综合运输体系的重要枢纽和华南地区对外贸易的重要口岸。

二、"一带一路"重振平台

2013年习近平总书记在出访中亚、东南亚时提出共建"<u>丝绸之路经济带</u>"和"21世纪海上丝绸之路"的伟大构想，简称"一带一路"，其核心是中国在现阶段统筹向东向西开放，深化与沿线各个国家的经贸、人文、生态、科技、教育等领域的合作，从而构筑一个全方位开放的合作格局。

国家发展改革委、外交部、商务部联合发布的《推动共建<u>丝绸之路</u>经济带和21世纪海上丝绸之路的愿景与行动》，对广东在新一轮对外开放格局和"一带一路"建设中赋予了重要的历史使命。广州凭借自身区位条件好、枢纽地位强、人员往来频、合作方式新等优势，依托南沙自贸区、广州港和白云空港在我国新一轮对外开放大格局中发挥重要作用，有望成长为国际性的战略功能平台。

放眼海外，21世纪海上丝绸之路沿线具有活跃的经济体之间潜在的互利互补机会。广州通过鼓励企业"走出去"开拓市场以及创建港口、产业、企业及城市联盟等方式，深化与港澳台合作，打造粤港澳大湾区，辐射"泛珠三角"区域，建设面向全球的多层次、立体化的对外开放新格局，推动广州成为21世纪海上<u>丝绸之路</u>的交通枢纽、自由贸易港和对外交往中心，也为广州会展业向高层次提升、向国际拓展提供了无限的商机和可能。

【拓展阅读】

广东21世纪海上丝绸之路国际博览会搭建海上丝绸之路新平台

2013年9月和10月，中国国家主席习近平在出访中亚和东南亚国家期间，先后提出共建"丝绸之路经济带"和"21世纪海上丝绸之路"（以下简称"一带一路"）的重要倡议，得到国际社会高度关注。随着"一带一路"建设的深入推进，广东借助"一带一路"建设机遇，加大了会展业的发展力度，在"21世纪海上丝绸之路"倡议实施过程中主动作为，搭建专业展会平台，为行业发展先联先通。

2014年，广东举办首届"广东21世纪海上丝绸之路国际博览会"，共有42个国家（地区）的1000多家企业参展，吸引了6000多家境内外采购企业、1.5万名专业观众到场采购，达成签约项目451个，涉及签约资金1747亿元（超亿元项目179个），洽谈成果丰硕。

经过5年发展，海上丝绸之路国际博览会累计意向成交金额约8000亿元人民币，近100万人次入场观展，成效显著。2018年，该博览会展览总面积为7万平方米，共有57个国家和地区1732家企业参展。其中，境外企业1221家，占比70.5%；境内企业511家，占比29.5%。展区设置优化为"1+4"，其中"1"为"海丝"沿线国家（地区）综合展，"4"为4个专业展，包括电子信息及智能高端装备展、家居日用消费品展、旅游文化展、特色食品及茶文化展。展会期间还举办了15场配套活动。

海上丝绸之路国际博览会已逐步发展成为在"一带一路"沿线国家和地区具有较强影响力的展会平台，国际化、品牌化、专业化、市场化发展步伐加快，国际"朋友圈"和影响力日益扩大，

> 成为新时代下广东与"一带一路"沿线国家和地区沟通交流的重要平台。
>
> 资料来源：《广东21世纪海上丝绸之路国际博览会》，见广东21世纪海上丝绸之路国际博览会网站（http://www.msr-expo.com/home/index/article/lang/ch/pid/374/lid/226.html）。

第二节 会展业腾飞期发展背景

一、政治驱动因素

（一）改革开放遍及南粤

改革开放前，受限于特殊的历史条件，国内商业性展览发展缓慢。在相对封闭的时期，广州依托其特殊的地理条件和政治经济地位，成为相对封闭时期中国对外贸易的重要窗口，而1978年改革开放政策则让全国尤其是广州如沐春风。

改革开放以来，我国行政管理体制改革全方位、渐进式地展开，既包括职能和机构的调整，又包括运行机制和管理方式的创新；既包括政府内部的体制改革，又包括政府与党委、人大、政协、司法机关、社会团体等方面的协同配套改革。广州顺势而行，政治体制改革与经济体制改革同时进行。随着改革开放的深化，广州市政府优化职能，机关建设不断加强，提出一系列便民措施，如设立市长信箱，加强与群众联系，提高办事效率和服务质量，带动全社会进行精神文明建设。

（二）政治发力创造温床

从国际层面看，21世纪以来和平与发展的时代主题并没有改变，世界多极化、经济全球化、文化多样化、社会信息化深入发展。在国内，党的十八大以来，我国经济、政治、文化和社会生活方方面面呈现出一系列的新常态，党的十八届三中全会《中共中央关于全面深化改革若干重大问题的决定》明确提出了"使市场在资源配置中起决定性作用和更好发挥政府作用"的重大论断，政府职能转变加快，持续推进简政放权、放管结合、优化服务，提高行政效能，激发市场活力和社会创造力。政治体制改革为会展业的发展创造了一个更加宽松、优质的市场环境，为其注入了新的市场活力。

二、经济驱动因素

（一）市场机制完善

1979年，广东得到中央赋予的特殊政策，采取灵活措施，率先改革开放，被确定为实行全国改革开放的试验区，这给广州本地经济发展注入了强大动力，此后，广州经济体制改革以搞活流通为突破口，引入市场机制，发展和完善市场体系。

1988年10月，广州市根据中共十三届三中全会关于"治理经济环境、整顿经济秩序、全面深化改革"的决定，开始进入三年经济治理整顿时期。

1992年邓小平南方谈话后，我国上促外贸体制改革，下放外贸经营权，充分调动各地、各部门和生产企业经营外贸的积极性。经过10多年的努力，广州实现经济发展现代化转变，企业自主经营能力提高，经济体制以公有制为主体、多种所有制经济共同发展。

（二）经济活力提升

在经济层面，我国发展进入新常态，向形态更高级、分工更优化、结构更合理阶段演化的趋势更加明显。国家深入实施自由贸易区、"中国制造2025""互联网+"等重大战略，为广州经济发展带来了重大机遇。广东大力推进经济结构调整和产业转型升级，深入实施创新驱动发展战略，促进珠三角地区优化发展和粤东西北地区振兴发展，这要求广州肩负起国家中心城市功能，起到典范引领和辐射带动的作用。广州经济市场化程度较高，千年商都底蕴深厚，立足于行政体制改革的大背景，城市发展态势持续蓬勃向上。

广东各个城市经济活力的提升将促使会展业内涵更加丰富，发展空间更加广阔。而在世界范围内，经济环境复杂化特别是投资贸易规则深化调整，则深刻影响着各重点行业的发展路径和交易特点，因此，会展业在题材选择、组织形式、运营模式等方面都有新元素诞生。

（三）对外交流加强

2018年9月，第二届21世纪海上丝绸之路中国（广东）国际传播论坛在珠海举办，论坛上发布了《中国广东企业"一带一路"走出去行动报告2018》（以下简称《报告》）。《报告》显示，广东参与"一带一路"建设正迈入高质量发展阶段，2017年广东与"一带一路"沿线国家进出口贸易额为15036.9亿元人民币，占全省进出口总额的22.1%。与海上丝绸之路沿线重点14个国家进出口贸易额同比增长14.6%，高于全省8%的进出口增幅。广东在"一带一路"沿线国家设立境外企业（机构）118家，实际投资2.9亿美元。2018年上半年，广东与"一带一路"沿线国家进出口贸易额为7289.5亿元人民币，占全省进出口总额的22.5%。同期，广东在"一带一路"沿线国家设立企业（机构）90家，实际投资2.2亿美元，同比增长21.7%。

根据国家信息中心连续3年发布的"一带一路"大数据系列报告，广东在全国各省区市"一带一路"参与度指数排名中,连续3年位居第一。

1. 对外投资贸易力主创新

广东经济结构和对外经贸结构不断优化,新旧动能转换加快进行,经济从总量扩张向结构优化转变,发展动力从依靠资源和低成本劳动力等要素投入向创新驱动转变。数字经济指数排名全国第一,生物医药领跑全国,海洋生产总值连续23年居全国首位。新一代信息技术、高端装备制造、生物医药、数字经济、新材料、海洋经济等战略性新兴产业正成为广东产业体系的新支柱。

从《报告》可以看出,2013年到2017年这5年间,广东企业对"一带一路"沿线国家进行了许多投资,合作内容不断丰富,涵盖基础设施、能源资源、加工制造、物流运输、农林开发等多个领域(见图3-2);合作方式不断拓展,从传统的以商品和劳务输出为主发展到商品、服务、资本输出并进。

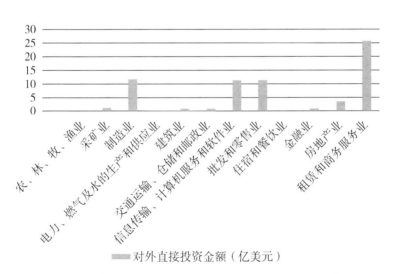

图3-2 广东企业对"一带一路"沿线国家投资行业结构

图片来源:作者根据《广东统计年鉴2018》绘制。

同时,广东大力推进企业研发创新,促进"走出去"企业增强品牌实力和营销能力,使企业参与"一带一路"建设的深度和广度不断拓展,企业在全球价值链中的地位不断提升。其中,重大项目国际产能合作成为广东"一带一路"建设的关键抓手。广东与"一带一路"沿线国家国际产能合作稳步推进,对外投资加速流向实体经济。特别是制造业,对外投资加快,协议投资增长49.5%。其中,美的集团收购全球第三大机器人制造商库卡集团和以色列高创公司,纳斯达集团并购全球第四大激光打印机公司利盟等一批海外并购项目,均收到明显成效。

2. 服务业成为对外贸易着力点

近年来,广东服务业比重不断增加,服务业企业已经成为广东"走出去"参与"一带一路"建设的重要力量。以2017年为例,广东现代服务业增加值为29709.97亿元,增长9.8%。服务业增加值占比持续提升,占广东GDP比重达到52.8%,比2008年提高8.8个百分点。2017年前三季度,服务进出口总额为9497.6亿元,增长25.0%,服务贸易占对外贸易比重达16.2%。

在服务业的发展上,广东仍坚持打出"创新"牌,推动服务业技术进步和自主创新,提高服务业的国际参与度与竞争力。在巩固发展交通运输仓储和邮政业、批发和零售业等传统优势服务业的同时,加快服务业产业结构调整与升级,加大对现代服务业的投资与扶持力度,积极发展技术密集型和知识密集型等高附加值服务产业。

3. 参与"一带一路"优势明显

广东有条件和能力在"一带一路"建设中发挥重要作用,主要表现在以下四个方面:

第一,广东拥有较为完善的商业体系,存在大量以对外贸易为主的企业群体,形成了重要的产业集群,具备和"一带一路"沿线各国企业加强国际产能合作的条件。

第二,广东所拥有的四通八达的交通物流体系,可以在"一带一路"的互联互通中发挥重要枢纽作用,为沿线国家之间的经贸往来发挥通道和集散功能,促进要素资源的跨境流动和市场深度融合。目前,广州、深圳已经聚集大批在全世界有影响力的企业,本地物流设施也获得长足发展。

广东有条件为"一带一路"的"五通"提供更加有力的支撑。

第三,作为改革开放的前沿阵地,广东集聚了技术优势和产业优势,可满足于"一带一路"沿线国家的需要,为发展中国家提供工业化发展的支撑,增强当地的国际竞争力和发展国际贸易的能力。

第四,无论是从经济总量还是从对外贸易总量来看,广东融入"一带一路"的意义和作用都是举足轻重的。近年来,广东更是培养了大批高质量的企业和人才,这些重要资源将为广东融入"一带一路"建设提供强有力的市场主体和人才支撑。

三、文化驱动因素

(一) 文化氛围再度活跃

1979年,邓小平重新提出要坚持"百花齐放,百家争鸣"自由学术氛围,提出加强社会主义精神文明建设,广州文化建设进入新时期。广州不仅多渠道筹集资金兴建西汉南越王博物馆、广州图书馆等公共文化设施,而且同时发展电影院、游乐场和舞厅等消费性文化娱乐产业,并建设了一大批高档次、多功能的文化娱乐场所。在全国范围内,广州最早形成颇具规模、多体制结构的社会文化市场,人民文化精神生活更加丰富多彩,为会展业的跨越发展与管理体制创新营造良好的文化氛围,一批文化类的展会也如雨后春笋般涌现。此外,广州还加强对外文化交流,包括到国外演出、展览、访问等。

【拓展阅读】

敢为人先 大胆改革——黎子流在广州工作的片断回顾

在改革开放初期，打破统购统销、放开价格、开展流通体制改革是从广州开始的。五星级宾馆也是在广州最先出现的，广州一直以来都是祖国的南大门，有光荣的历史和革命传统，各方面的基础都很好。但由于20世纪80年代末开始的治理整顿到了后期有些过头，把自己的手脚都束缚起来了，改革开放有被治理整顿所代替的趋势。邓小平同志南行前，广州的局面是比较沉闷的，困难也比较多，虽然工业基础不错，但亏损企业也不少，都不知道该怎么办，手脚也放不开，仿佛找不到前途和出路。当时，整个广州经济不容乐观，各个企业都在讲治理整顿，缺乏锐意改革的决心和勇气，因此在思想和政策上都需要给大家指一条继续发展的路子。

1992年邓小平南方谈话后，广州进入全面奋发阶段，在发展经济方面，政府努力按照经济规律办事，从大力打破姓"资"姓"社"的界限入手，大力发展社会主义市场经济。我认为，在计划经济向市场经济转轨的过程中，如不转向市场经济，广州越"守法"，就会越守旧。所以，在经济发展中必须遵循市场规律，大胆创新，要有敢闯、敢干的精神，不敢越雷池一步，是干不成事的。在市场经济体制下，我们主要从两方面入手，带动广州经济社会的改革与发展，一是努力做到简政放权，二是加大招商引资的力度。

改革开放初期，广州利用外资才20亿美元，到20世纪90年代，已经超过100亿美元了。为什么呢？主要是我们采取了许多办法吸引外商来广州投资，比如，1993年我们到国外进行招商时，曾提出了三条原则，加大对外商政策优惠的幅度，吸引他们来广州投资。一是只要特区、沿海开放城市能做到的，广州一定做到，特区、沿海开放城市做不到的,只要不违背法律,广州也敢于试验;二是外商在投资中遇到困难和障碍的,由当地领导负责,及时解决,我们认为,为人民服务也包括为外商服务,只要他们遵纪守法,依法纳税,我们就保护他们的利益;三是生意不成朋友在,留得青山在,不怕没柴烧,即使谈不成生意,也可以交朋友,为以后做准备。当年,我们曾经定期到香港去招商,香港的富豪和知名人士几乎每年都来,可谓盛况空前。

(作者系广州市原市长)

资料来源:黎子流口述、卢玉华整理《敢为人先 大胆改革——我在广州工作的片断回顾》,见广州文史网站(http://www.gzzxws.gov.cn/gzws/gzws/ml/sscsgzjw/201506/t20150601_36969.htm)。

(二)文化自由增添个性

21世纪以来,国内文化更加多元开放,文化氛围越来越浓厚,各类公益性质的文化娱乐型展览越来越受到群众的欢迎,成为各地政府丰富居民生活、提高居民幸福指数的有效措施。广东整体文化氛围更加浓厚而且自由,整体会展创意及会展人才培养的环境更加优越。随着互联网的普及特别是移动互联网的兴起,碎片化的信息充斥着人们的生活,人们思想交流与碰撞越来越频繁和激烈。自媒体的发展也使社会媒体类型更加多样,内容更加丰富,给会展业宣传营销工作带来更多新的冲击。

例如,在"花城"广州,各类花市、花展历史悠久,花市历史可追溯到明末"花渡头",并在20世纪60年代成为广州居民休闲娱乐的重要活动。如今广州文化题材展览数量更多、种类更丰富、形式更多样,除了花展外,花灯展、茶展、粤剧展等都是广州市民文化娱乐的重要组成部分。

第三节　市场活力助力会展腾飞

改革开放时期,广东会展业处于传承与发展阶段,凭借着广交会这一会展名片,广东会展业与"广货"品牌共同成长。除了广州以外,广东其他地区也随着当地特色产业的发展而发展,20世纪80、90年代会展业逐渐起步,展会成为各行各业进行产品展示、信息交流、对外贸易的重要平台。展会题材和办展主体更加多元化,市场化程度进一步提高,但整体格局仍以政府为主导。城市综合设施建设在这一时期快速发展,为21世纪广东会展业的腾飞做好了充分的准备。

21世纪是广东会展业的蓬勃发展阶段,广交会的金字招牌扬名海外,而其他品牌展会亦你追我赶,形成了众星拱月的发展格局。围绕展会活动,参展商、观众和组展方三个核心参与方的互动更加密切,参与方式亦更加专业。同时,越来越多的支撑型和介入型产业进入会展行业,广东"大会展"产业系统最终形成。

一、多方聚合创大会展系统

改革开放为广东会展业带来日新月异的变化,展会项目的实力得到持续的提升,展会的性质更加多样、规模更加庞大,展品类型更加丰富,展览形式也日新月异。在行业层面,除政府主导展会举办和行业发展外,私营、民营及外资企业亦逐渐进入市场。

进入21世纪,改革开放以来所积累的各类会展元素在这一时期逐渐成熟,旅游、住宿、物流、金融等支持系统在新业态交融中共同承载平台作用,政府、行业组织、媒体等介入圈层为会展提供源源不断的支持,从而构建出一个相对完善且层次分明的大会展系统,广东会展业真正实现了从"一个展会"到"一个行业"的升级。

（一）产业盘活展会需求

随着广交会的转型与调整，它作为现代专业展会对于城市及区域发展的促进作用越发得到体现。它犹如一个窗口（见图3-3），让国人接触到世界精致的商品、先进技术及最新资讯，眼界也因此变得更加开阔（见图3-4）。同时，广交会已发展成为广州乃至全国会展业的行业翘楚，利用这一平台，先后试验了对销贸易、易货贸易、期货贸易、代理出口、招标销售、接受定牌、灵活的货币结算和支付方式等灵活贸易的做法。

与广交会交相辉映的，还有广东的产品。凭着先行一步的优势，"广货"率先在国际舞台上抢占先机。顺德家电、佛山陶瓷、古镇灯饰、龙江家具……一个个产业集群在南海之滨争相竞艳，而广交会正是广东产业成长和发展的最佳见证者，借着广交会的舞台，广东的产品、广东人的文化气质都在不断发光发热。

图3-3 等待进入展馆的参展商①

图3-4 广交会的洽谈区域②

---

① 叶曙明：《广交会》，广东教育出版社2010年版，第105页。
② 叶曙明：《广交会》，广东教育出版社2010年版，第114页。

【拓展阅读】

从广交会展区划分窥探产业转型升级

展览会的举办除了是社会经济进步的重要体现，更是一个国家或地区产业转型升级的重要带动者和见证者。广交会作为中国首屈一指的展览会，它的发展历程无不透露着中国产业发展的痕迹。

早在1979年，刚刚经历过"文革"洗礼的广交会正值调整办展思路的阶段，除了不再展示"工业学大庆"等充满政治色彩的展览内容外，还根据国内产业结构，分设粮油食品、轻工业品、纺织品、工艺品、土产畜产品、化工产品、五金矿产、机械设备、书刊邮票9大展馆。截至1981年，具有先进水平的机械、电子、仪器产品有所增加，逐步改变了以农副产品为主的展品结构。

1995年，广交会在布展上亦突出反映我国出口商品结构特点，扩大重点展区。在纺织服装、电子仪器和自行车摩托车三大重点展区基础上，再增设航天科技展区。

2000年第87届广交会进一步优化展品结构，突出广交会对于出口商品结构的导向作用，包括重点扩大了信息产品、家用电器、生物技术产品、医疗设备、新型材料和制品、仪器设备的参展规模。同时，对于外经贸部公布的重点支持和发展的名牌出口商品均按保证性展位安排。

不难发现，广交会展区调整的历程反映了我国出口产品结构调整的特点，从最开始的农产品到后来的高新科技产品，可以看出展会作为一个城市乃至一个产业发展的指南针和晴雨表，与产业的关系可谓是息息相关。

资料来源：作者根据广交会发展历史资料整理。

（二）行业规模井喷式增长

广州会展业经过长期的实践积累，在进入 21 世纪后呈现爆发式的成长格局。展会项目作为行业发展的核心产品，呈现规模扩大化、题材多元化、形式时代化和服务定制化的特点。

1. 会展规模扩大化

中华人民共和国成立以来，广州会展业在坎坷中前进，并紧抓改革开放的契机。改革开放后广州会展业迅速成长，带动珠三角地区成为全国五大会展产业集群之一。2000 年以后，广东会展业呈现规模化发展趋势。2011—2017 年，广东省展会数量及展览总面积稳步提升，2017 年全省展览总数量达 638 个，展览总面积超过 2000 万平方米（见图 3-5）。

广东会展业规模提升不但体现在展览数量和展览面积上，还体现在展会的代表性和品牌性上。经过近 20 年的发展，广东已培养出包括广交会、广州国际家具博览会、中国（广州）国际建筑装饰博览会、广州国际照明展、深圳电子展、广州酒店用品展览会、中国（广州）国际汽车展览会等会展业的"第一梯队"。2011—2015 年，广东特大型展会（展出面积超过 10 万平方米）的数量在全国名列前茅，合计 39 场，展览总面积达 969.61 万平方米。这部分展会凭借市场化、专业化的运作，在全国乃至世界范围内的影响力都进一步提高，并成长为广东会展业的中流砥柱。

图 3-5　2011—2017 年广东省展会数量及展览总面积统计

数据来源：作者根据《2011—2017 年广东省展览业发展白皮书》整理。

2. 展览题材多元化

随着会展经济高速发展，大量企业涌入会展行业"淘金"，会展行业的竞争也越来越激烈。而会展业的竞争主要是对展览项目的竞争，展览项目是会展行业的核心竞争力与核心价值所在。在北京、上海、广州、深圳等会展经济极其活跃的城市，展览题材逐渐饱和，会展行业正从"蓝海"市场走向"红海"市场。

广东会展业一直走在全国的前列，加上拥有广州、深圳两大展览中心城市，经过多年的快速发展，广东会展业正在步入成熟期，可供开发的展览题材基本上被挖掘殆尽。因此，新兴展会成为带动全省会展经济发展的新活力，也是新时期广东会展业创新精神的体现。如21世纪海上丝绸之路博览会、中国海洋经济博览会、中国国际老龄产业博览会、珠海国际游艇展等，这些展览题材紧跟时代发展，体现出广东本土组展方对于行业发展的高度前瞻性，对社会和时代发展的敏锐判断，体现出广东会展业的"先行者"风范。

3. 展示形式时代化

传统会展的基本形式和特点是实物展示和面对面的沟通交流，其核心价值是向参展商和观众提供一个商品交易和信息交流的平台。而互联网的兴起则改变了产品展示交易以及信息交流的方式，因此会展业在展示形式上也相应地发生了变革。

首先，展会主办方通过开发互联网虚拟会展业平台，更加全面地向参展商和观众展示展会信息，使其有身临其境的感受，突破了传统展会在时间和空间上的限制。其次，参展商可通过互联网手持设备向观众展示商品，不便于运输和现场展示的展品亦可全面展示在采购商和观众面前；同时，应用互联网设备可快速完成现场下单，提高现场交易效率，参展商和采购商亦可通过互联网社交平台在展后保持密切的交流往来。此外，参展商在展会现场运用虚拟现实技术支持展示，提升了展会的体验性，促使观众更好地参与到展会当中。近年来，广东会展业与全国会展业总体发展趋势相似，各利益相关方均紧跟时代潮流，积极探索会展业与互联网的融合,在展示形式、交流方式、交易方式等方面都做出了许多创新性的尝试。

【拓展阅读】

"互联网+"与广州会展

随着互联网的兴起,广州的会展企业也在积极地拥抱互联网,享受着互联网给会展行业带来的"红利"。组展方在组织展会的过程中,将大数据、"互联网+"等技术运用到展会营销、展会运营管理当中,为广东会展业从以线下为主向"线上+线下"融合的转变提供了思路和指引。目前,越来越多的组展方正在加大力度进行各类尝试,如广州国际照明展率先在2015年尝试联合照明行业电商阿拉丁商城举办"照明行业O2O采购节",同时为配合线上O2O采购节的举办,主办方在实体展会现场还特别划分了电商演示体验区供参展商体验。

为了在互联网领域做出创新,琶洲作为广州重要的会展经济圈,在2015年出让了7块"靓地"给互联网界的大腕——腾讯、阿里巴巴、复星、国美等,建立琶洲电子商务总部基地。这一决策也让琶洲这个第三代广交会商圈增加了越来越多的互联网元素。

事实上,广交会商圈随着会址的搬迁而不断发生改变,而每一次搬迁的同时也是广州会展业转型升级的过程。从核心城区海珠广场的第一代会址,到以火车站为配套的流花商圈的第二代会址,再到现在琶洲会展商圈成为第三代商业平台,场地规划、产业配套、运营模式都发生了巨大改变,电商的进驻,使得这一商圈更具"互联网+"特色,催生了线上线下互动的会展新模式。可以预见,未来广州会展将会成为国内"互联网+"趋势的领跑者。

资料来源：

[1]《全球最大照明展办O2O采购节，掀产业链"互联网+"风潮》，见阿拉丁网站（http://www.alighting.cn/news/20150 506/85136.htm）。

[2] 作者根据广州市人民政府办公厅《关于全市电子商务与移动互联网集聚区总体规划布局的意见》整理。

4. 会展服务定制化

随着会展市场的细分，为了提升竞争力和服务水平，越来越多的组展方为客户定制类型更丰富的会展产品，会展旅游作为一个高端服务产品应运而生，充分体现会展服务个性化需求是未来会展市场的一大趋势。会展旅游作为"大会展"市场的新生事物，使展会活动的内涵更加丰富，通过整合城市各类旅游资源和基础设施，给与会参展商带来不一样的参会体验。同时，也将会展业与城市整体发展联动起来，使广东的城市会展名片形象更加鲜活。

（三）三个核心共筑平台

会展业是一个多利益相关方参与的多层次行业系统，其中参展商、观众和组展方是系统当中的核心成员，三者之间的互动带动起整个行业系统的运转，从而形成一个不断变化、发展的产业系统。

1. 参展商多元包容

目前，广州会展业参展商除市场规模不断扩大且来源地多样化外，企业性质也更加多元化。1978年，我国进行下放外贸经营权的体制改革，我国第一家工贸公司——中国机械设备进出口总公司成立，标志着高度集中的外贸经营体制被打破。广交会率先把新获得外贸经营权的企业吸收到参展队伍中，在1978年秋季展会期间设置机械设备交易团。此外，广交会又先后增设了仪器、丝绸、医疗保健、中外合营企业、经济特区等交易团。交易团数量和类型的增加反映出广东会展业中企业参与程度越来越高,展览会成为越来越多企业进行产品展示和销售、行业交流的重要方式。到21世纪的今天,民营企业已经成为广东乃至全国会展业参展商市场的中流砥柱。

【拓展阅读】

黑暗中的"明珠":广州设计周展台设计变迁

广州设计周于2006年在广州市人民政府的主导下诞生,是中国目前规模最大、影响力最广、参与人数最多的年度设计营商盛事。

过去10年的办展历程,伴随着中国经济增长模式从"中国制造"到"中国创造"的变迁,作为设计行业的风向标,从广州设计周参展商的展台设计风格和技术的变化,我们不难窥探出参展商参展水平的提升。

早在2006—2007年,广州设计周参展商的展台设计仍以陈列展示为主(见图3-6)。随后,参展商越来越注重自身与观众之间的互动与交流,在2011年广州设计周上荷兰设计师团体设计了"绘画人生"互动装置,与现场观众进行了互动绘画,使荷兰设计创意理念与中国观众进行了良好的交流,收到了极好的现场效果(见图3-7)。2013年,米洛西石砖选择在广州设计周上在自己美轮美奂的展位上进行最新产品系列的全球首发仪式,吸引了大批媒体和观众的关注(见图3-8)。同时,参展商也更加注重自身展台设计与展会整体气氛的和谐性和一致性。广州设计周选择关闭展览馆大部分的光源,为设计师们营造静谧、舒缓的交流氛围,参展商设计展台时亦充分考虑展会的环境营造（见图3-9），一方面更加灵活地运用灯光效果的变化展示自身企业特点，另一方面也选择更为稳重、典雅的设计风格以达到"小展位"和"大展会"之间的和谐与平衡。

图3-6 2007年英国驻广州总领事馆文化教育处展位

图3-7 2011年荷兰设计师团体"绘画人生"展位

图3-8 2013年创新产品首发式

图3-9 2015年前沿设计理念展示

资料来源：《2006—2015年广州设计周展后回顾》，见广州设计周网站（http://www.gzdesignweek.com/aspcms/about/about-11.html）。

2. 观众专业化趋势明显

伴随着我国外贸体制改革的深入，广东会展业观众市场呈现规模化和专业化发展趋势。以广交会为例，第一届广交会的参展商基本来自社会主义国家、亚洲部分地区，以及港澳地区。而到第三届时，有超过 2000 名英国、法国参展商到会，之后随着我国友好贸易思路的提出，以及迎来与外国建交的热潮，来自世界各地的参展商数量激增，来源地更加广泛。另外，观众的专业化程度大幅提高，各个行业中从研发设计人员，到生产技术人员，再到行政管理人员；从批发商到零售商，再到一般消费者，都逐渐习惯通过展会的平台了解世界行业潮流、开展商品贸易和行业交流活动。

3. 组展方全面发展

改革开放后大量民营企业如雨后春笋般发展起来，组展方的企业性质逐渐改变，民营会展企业成为广东会展业的中坚力量。

（1）组展方体制改革

以广州为例，随着经济体制改革，广州的组展机构性质也开始有所变化。作为广州会展业中起步较早的会展企业，1979 年广交会的常设机构"中国出口商品陈列馆机关"被批准改名为"广州对外贸易中心"，后于 1986 年更名为"中国（广州）对外贸易中心"，单位性质由事业单位变为企业。广州对外贸易中心明确其任务为开办好一年两届的广交会，广交会闭幕期间利用展馆为外贸公司举办中小型专业交易会服务，接受外国厂商在广州举办展会等。实行企业化管理后的广州外贸中心实行独立经济核算，对广交会的服务从单纯服务变为经营服务，根据上级确定的"以会养会"原则，在承办好广交会的同时，积极开展各种经营。在广州现代会展业发展史上，这是一个重要的信号，是会展业从服务性向市场经营性发展的重要体现。

（2）民营企业崭露头角

随着会展行业市场化发展不断深入，在广东品牌展中，除广交会、中国国际中小企业博览会、东莞电博会、中国（深圳）国际金融博览会等少数展览由事业单位或国有企业举办以外，广州国际照明展览会（光亚展）、广州婚博会、广州国际美容美发用品展览会等展会都由民营会展企业举办，与 20 世纪称霸会展界的国营展览企业形成分吃蛋糕的竞争态势。民营会展企业为我国会展业在近年里突飞猛进的发展做出了重要贡献。

【拓展阅读】

广州会展企业的品牌打造之路

在国营组展机构资源基础雄厚、国际会展企业快速进入两面夹击的市场形势下，广州本土会展与国际会展接轨的步伐正在不断地加快。广州市会展业管理领导小组和广州市会展业行业协会先后与法兰克福、汉诺威、亚洲博闻等著名国际展览公司以及众多世界知名展览品牌拥有者进行交流合作，以争取更多的国际品牌展会落户广州。

此外，广州光亚法兰克福展览公司的成立，标志着第一家中外合资会展企业正式落户广州，为广州会展市场注入了更专业、更强大的力量。会展业国际化程度的提高，一方面便于国外品牌会展项目扎根中国，扩大我国会展品牌知名度和市场占有率；另一方面也有利于我国会展企业汲取国外先进会展企业的管理理念和技术。

在广州会展业积极开放，实现"引进来"的同时，广州本土会展企业也大胆地"走出去"，参与到国际性行业标准体系之内，将自己呈现在世界会展舞台上。广州锦汉展览中心和广州市保利锦汉展览有限公司早已于2005年成功申请通过国际展览联盟（UFI, Union of International Fairs）认证，实现了广州会展业该项认证零的突破。

资料来源：作者自行撰写。

（3）外国企业成新生力量

在新时期，另一个备受关注的组展方力量就是外国企业。虽然在1978年以前我国的会展市场上也有外国资本的身影，如日本、西德等国家的资本，但直到改革开放特别是21世纪，市场化、专业化而非宣传性的外国展会才真正进入中国。2004年1月，我国颁布了《设立外商投资会议展览公司暂行规定》，第一次在法律上赋予了外资独立办展的权利，就此开启中国会展业对外开放的新时代。

在市场化机制下，外国会展企业通过合资成立企业、设立办事处、咨询机构或代理机构等方式进入中国市场，一方面为我国会展业带来了先进的会展理念和技术，但另一方面也对国内会展企业提出了挑战。如何建立自身企业品牌以及展会品牌成为广东本土会展企业亟须思考的问题。

二、现代会展行业全面起步

改革开放后，为顺应国家发展潮流的需要，国内各级政府部门、行业协会和大型企业纷纷举办各类经济、贸易和技术展会，同时亦有国际招商会、乡土庙会等，展会呈现欣欣向荣的局面。与此同时，出现了一批会展专业人员和兼职人员，会展业作为一个行业，规模已初步显现。但这一时期国内仍没有负责管理会展行业的部门和法律法规，行业秩序相对混乱。

广东会展业经过中华人民共和国成立初期的初步发展和"文革"时期的磨砺，在改革开放后正式步入现代会展业发展的轨道。改革开放时期是现代广东会展业发展承上启下的一个阶段，一方面对前一阶段行业发展遭遇到的创伤进行调整和恢复，另一方面也为21世纪广东会展业的腾飞储备力量。

（一）展会跨越及创新

1. 商业展览蓬勃发展

随着五年计划的继续开展，根据经济形势发展的需要，各种促销性质的展销订货会开始兴起，商业展会进入了多元化、国际化的发展阶段。除了广交会，20世纪90年代以来，广东还培育了一批美容展、家具展、建材展、医疗器械展等品牌专业展会。除商业性展会外，由于改革开放带来的社会思想进步，人们的精神需求得到重视，各地丰富多彩的文娱类展会随之增多,各类花展、画展,如广州迎春花展、菊展等蓬勃发展。

1993年第74届广交会在展位布局上进一步向国际化靠拢,所有展位参照国际展览会通行做法,按所在馆号、楼层、通道及排列顺序进行编号。1995年第77届广交会首次设立重点展区,按照展馆黄金路线划分出9000平方米,设置纺织服装、电子仪器和自行车及摩托车三大重点展区,突出展示我国高附加值商品和名优新特商品。1996年第79届广交会改变单一的标准展位布展,逐步向标准展位与特装展位相结合的形式过渡。在光电家电展区、陶瓷展区等,参展商可以自行进行特装布展,这对于突出企业形象、宣传展品特色具有重要作用。

【拓展阅读】

广交会展位分类管理

在1997年4月第81届广交会上,试行了展位分类管理,为展会建立新的展位分配机制。其中,分别设置"保证性展位""保持性展位""招展展位"和"分配展位"。其中,保证性展位主要面向一批具有发展前途的、高附加值的名优新特产品,保持性展位面向具有规模经营能力、经营创汇效益型商品的外贸骨干企业,招展展位主要由商会直接向行业内优秀生产企业招展,分配展位由交易团分配给各个参展单位。同时,根据我国产业导向,在电子及家电、自行车及摩托车、陶瓷3个展区试行保证性展位管理。

展位分配机制的完善,进一步优化了广交会展品层次,充分体现了我国该时期的产业结构特点与产业战略导向,对于促进产业的转型升级具有积极作用。

资料来源:中国对外贸易中心《百届辉煌》,南方日报出版社2006年版,第325页。

2. 展会形象更全面

如同每一个企业都有自己的企业形象一样，一个大型展会也同样需要源于某种理念的视觉推广系统，不仅要融合会展行业的特色，还应具备其独特的功能性特征。好的展会形象的确立，不仅有利于展会形象的推广、优美的展会环境的营造，也是固定展会理念和延续展会投资的需要，有助于展会品牌的增值。

在1985年4月第57届广交会上，展会启用中国出口商品交易会标志（见图3-10）。该标志以"中国出口商品交易会"的英文缩写"CECF"为主体，组成广交会流花展馆大楼正面的形状，标志外形为英文字母"C"，为"Chinese"（中国的）英文首字母，形状既像地球，寓意国际性，又像我国的拱桥，寓意广交会是中国与世界友谊的纽带、贸易的桥梁。

图3-10 广交会首个标志①

3. 展会管理达到新高度

除了在展会的组织上不断发展外，组展方对于展会的管理也不断加强。以广交会为例，1985年9月11日，原对外经济贸易部制定并印发了《关于中国出口商品交易会的若干问题的规定》，对参加广交会的外贸企业的资质、出口能力、业务水平等提出了具体规定，同时增加了广交会的组织形式、交易团的组织形式等内容。从1989年开始，广交会还增加了对参展企业的资格审查，对参展商提出了更高的要求。

---

① 中国对外贸易中心：《百届辉煌》，南方日报出版社2006年版，第243页。

（二）流花展馆占鳌头

20世纪90年代，广州兴建了少量中小型展馆，主要位于流花展馆周边，作为广交会展馆的补充，亦有部分小型展会借广交会的光环，在广交会期间选择在中国大酒店、东方宾馆、友谊剧院、贵都宾馆等"搭便车"举行展会。此外，这一时期，广州市政府在天河区建设天河体育中心，用来举办竞赛与群体活动。由于场地宽敞，亦有部分展销性质的展会选择在此地举办。

总体而言，这一时期展览场地类型丰富，但未成规模。流花展馆（见图3-11）依托广交会这一重点展会独占鳌头。其周边配套的酒店餐饮与购物中心、交通干线枢纽等也都相应地繁华起来，并且颇具规模。

图3-11　流花展馆及展会开幕盛况①

三、行业基础配套助力发展

为了匹配日益兴旺的广东会展业的发展，加之21世纪以来旅游业的发展以及居民消费水平的提高，广东各地基础设施建设也进入大发展时

---

① 《广交会：原流花展馆的遗憾》，见新浪博客（http://blog.sina.com.cn/s/blog_7df811020101ep2u.html）。

期。一批优秀的星级酒店、餐饮企业逐渐涌现,交通领域的公共服务水平也不断提高。在城市规划方面,广东也更加注重交通"大动脉"的建设,各个重点会展城市不再是"孤岛"。

(一)酒店兴旺助力展会发展

以广州为例,1979—1984 年,广州市通过与港商合作,利用外资(包括自筹外汇)新建和改造宾馆及增添服务设施,其中较大的项目共 27 个,包括今天广州人熟知的白天鹅宾馆、花园酒店、中国大酒店的兴建,还有东方宾馆、流花宾馆、广州宾馆、白云宾馆等的改造。在餐饮业方面,对人人饭店、陶陶居酒楼、广州酒家、泮溪酒家等进行改造。这批餐饮酒店的转型升级,极大地提升了广州的接待条件,服务质量亦相应提高,能支撑更高规格、更大规模的展会在广州举办。

(二)行业配套服务日渐规范

随着广交会等一系列大型展会的逐渐兴起和发展,举办展会成为广东主要会展城市的常态化工作,涉及的行业也越来越多样。因此,除了展会主办方,政府部门亦不遗余力地为展会的举办创造良好的社会环境。1989 年,广东省政府曾发出通知,要求广东省和广州市有关部门加强广交会期间服务业的价格收费管理,具体包括对广州的宾馆、旅店和招待所等酒店业的价格进行严格规定,对于餐饮食品和交通票价亦有相关规定,如要求出租车司机不得选客、拒载、强行收取外汇和多收、乱要等。

(三)交通规划推动会展业发展

展览活动往往在短时间内聚集了大量的人流、物流,对于城市的承载能力提出了较高的要求。处于珠江流域下游的广东,交通网络最为完善,布局比较合理。广东水运自然条件好,有众多的通航河道和沿海港口。截至 2019 年,在广东省的 21 个地级市中,有 10 个城市拥有航空、铁路、公路、水运 4 种交通方式,其余 11 个城市拥有铁路、公路、水运 3 种交通方式。

1. 货物水运

自19世纪70年代开始,广东就有了机动船舶运输,但其发展极其缓慢,机动船舶比重极小,港口建设简陋,设施简单。内河水运条件最优越的西江,也没有导航设备,行驶的船舶多为自制木船,不少是靠人力拉纤。

水运对于广东乃至整个珠江流域而言,是极为重要的运输方式。广东位于珠江中下游,是珠江水系开展水运的集中区域。据统计,2018年广东内河航道通航里程为12096千米,其中通航1000吨级及以上船舶的内河高等级航道为897千米。在港口方面,珠江流域内有众多的内河港口。其中,广州港既是内河港,也是海港,更是华南第一大港,位于珠江下游。广州港在珠三角水网中,以水路四通八达著称,又有东江、西江、北江相汇。广州是京广、广深、广三、广梅汕铁路的起点,也是广东公路网的中心。由此看来,广州港是水陆、河海联运的枢纽。

2. 水上客运

以广州为中心的水运更为发达,经营珠江旅游的珠江航运公司有客轮40多艘,客位约11万个,大力发展水上、水陆旅游,使旅游触角从广东延伸至省外,初步形成了从广州到广西、海南、福建等主要旅游区的联运旅游线路网。

同时,广州到港澳的海上客运亦蓬勃发展,先后开辟了广州—香港—澳门、江门—香港—澳门等14条海上客运航线,拥有客船20余艘,年客运量达190多万人次,大型豪华客船和时速60千米的双体客船乘风破浪,穿梭于广东、香港、澳门之间,满足港澳宾客探亲访友和旅游商贸的需要。

3. 陆路运输

改革开放以来,广东交通事业突飞猛进,1978—1991年间,新增公路通车里程3113千米,建成桥梁1748座,广东境内国道、省道除海湾外实现了无渡口通车。1995年年底,汕头海湾大桥通车,实现广汕公路全线无渡口。20世纪80年代末，随着衡广复线的开通，乃至后来三茂铁路、广梅汕铁路的建成，大大改善了广东铁路的运营条件。

4. 航空运输

与此同时，广东的航空业也得到了很大的发展。广东拥有广州、深圳、珠海、汕头、湛江、梅县等大中型民用机场以及一些小型机场和军用机场。其中，广州白云机场成为全国旅客吞吐量最大的机场之一。航空运输状况的改善，大大改善了会展举办环境，为吸引境外参展商、发展会展经济创造了良好的条件。

（四）会展场馆空间布局趋向合理

会展场馆的布局设计是会展组织管理的一项重要内容，合理简洁的场馆空间布局可以有效提高参观效率、减少寻找展位的时间、增加参展商数量、提高会展成交额等。

在广东会展业发展的初期阶段（20世纪50年代至80年代），会展场馆布局为"单中心集中型空间布局"，即大多数的参展商集中在中心场馆并向四周呈数量密度减少型辐射；在发展阶段（20世纪90年代），随着会展场馆建设的逐步完善、场馆数量的逐渐增多，会展场馆布局为"双中心扩散型空间布局"，以广交会流花展馆和天河区展馆为双中心；在产业化阶段（2000年至今），会展场馆布局为"多中心集聚型空间布局"，随着花城国际会展中心、中洲国际商务展示中心、白云国际会议中心以及广交会国际会议展览中心的扩建，逐步形成多中心聚集型空间布局。这种变化不仅显示了广州会展业的蓬勃发展，同时也反映了会展场馆空间布局的逐渐科学合理以及会展业体系的完善。

（五）多层次展馆体系逐步形成

展馆是展会举办最重要的载体，展馆选址、展馆面积、展馆设计及其设施建设，以及周边配套环境等因素都会影响展会的举办。相应地，也有不少大型品牌展会成为展会举办城市基础设施建设的重要推动力量，并带动展馆甚至展馆周边区域的兴旺。

以珠海最著名的会展中心——珠海国际会展中心为例,其占地26.9万平方米,展厅跨度99米,一期总建筑面积约70万平方米,包括珠海国际会展中心、珠海国际会议中心及其配套设施,是国内少有的集展览馆、会议厅、歌剧厅、音乐厅和酒店于一体的会展中心,也是珠海城市和产业转型升级的重要支撑。

四、支撑系统成为重要力量

会展是一种综合程度高、行业关联性强的社会经济活动,需要餐饮、住宿、旅游、物流、金融、保险、广告等众多行业支撑会展核心活动的运营,改革开放以来,广东相关行业已积累了良好的基础,而互联网技术的普及则进一步加速了各个支撑行业的发展与提升。

(一)物流突破会展瓶颈

物流产业犹如城市会展业发展的"大动脉",对于带动展会展示、交易以及城市的整体活力都具有重要意义。近年来,广东交通网络的快速发展,特别是铁路、航空以及港口运输的快速发展,都使会展业的整体运行效率有所提升。

在《推动共建丝绸之路经济带和21世纪海上丝绸之路的愿景与行动》中,广州、深圳、珠海等城市的枢纽性地位得到进一步凸显,这对于广东会展业的进一步发展具有重要的意义。

(二)"互联网+会展"新潮流

手机、平板电脑等移动终端的普及,拉近了参展商、观众以及组展方之间的距离,展会沟通成本大大降低,沟通效率相应提高,对展会的运营和管理也产生了深远的影响。

以广州为例,2016年8月15日,广州市政府常务会议审议并原则通过《琶洲互联网创新集聚区产业发展规划》，其中提出打造形成"一核双轴两区"的产业空间发展格局，从客观上促进了琶洲会展总部区域与其他高新技术产业的联系，以期广州会展业能在今后的发展中从其他朝阳产业中汲取更多的养分。新一轮的城市规划从客观上促进了会展业与高新技术产业的互动与合作，是"互联网＋会展"的重要突破口。互联网技术的使用，在很大程度上解决了展会在时间和空间上受到的限制，使"365天展会"成为可能。

（三）广告媒体装点会展行业

随着会展行业市场竞争越来越激烈，会展企业更加注重自身品牌的塑造，会展媒体宣传成了行业当中不可忽视的支撑力量。

1. 宣传目的变化

随着会展行业的市场化发展，展会的宣传目的亦从过去简单的告知式向多样化发展。通过广告媒体，会展企业达到展会信息传递、品牌形象塑造和客户关系维护的目的。目前，会展企业灵活地运用不同形式的广告媒体，运用不同的宣传节奏带动长达一年的展会筹备周期，同时始终维持展会在目标客户心中的活跃度，一方面提高了展会的客户忠诚度，另一方面也为塑造自身品牌形象带来促进作用。

2. 宣传载体变化

早期的展会宣传主要拘泥于纸媒和口口相传的口碑营销，而现代科技的发展，使广告宣传的载体更加丰富，多媒体技术被运用于会展营销中，为其提供了更好的客户交互体验。

针对不同的宣传对象，组展方一般会选择不同的广告载体。例如，行业杂志及网站主要面向专业观众，内容上突出展会专业性；电视广告则图文结合、声情并茂，是社会大众较为欢迎的传播媒体；微信、微博等新媒体广告由于具有宣传成本低、受众覆盖面广、宣传更新效率高等特点，成为当前会展行业首选的广告宣传渠道。

3. 宣传手段变化

除广告载体的多元化外，会展企业的宣传手段也日新月异。会展企业除兼顾使用邮件、电话营销等传统的直复营销外，还综合运用公共关系营销方式，通过举办客户答谢会、新品发布会、产品推介会、展会宣讲会等各类活动，盘活客户资源，从而达到展会广告宣传的目的。

（四）行业环境进一步优化

会展业的发展除了受到相关行业的支持和影响外，还受到宏观环境以及行业规范的影响。近年来，在广东省各级政府、行业协会以及海关、税务、园林、交通等各方力量的介入下，"大会展"平台基础不断巩固，使行业整体向更加成熟、健康的方向发展。

1. 政府好风相送

广东省政府一贯高度重视会展业发展，2016年出台了《广东省人民政府关于印发进一步促进展览业改革发展实施方案的通知》，坚持深化改革、科学发展、市场导向的原则，全面深化展览业管理体制改革，稳步有序放开展览业市场准入，建立公开公平、开放透明的市场规则，不断培育壮大市场主体，积极推动展览业与相关产业融合发展。加快简政放权，进一步简化展会审批环节，优化展会审批程序等。这一系列措施有效扶持了会展企业的市场开拓，减轻了会展企业的负担，释放了更多的市场活力。

2. 行业自律助推

行业协会是行业发展到一定阶段的必然产物，行业协会对外是整个行业的"发声器"，谋求整个行业的利益诉求，对内是整个行业的"协调者"，商讨行业内部的大小事项。行业协会的层次在一定程度上代表了行业的发展水平和发展阶段。

广东会展业自21世纪以来厚积薄发，逐渐从松散的企业行为向行业制度化管理转变。2001年9月28日，广东会议展览业协会正式成立，它的成立标志着广东会展行业走向成熟。依托行业组织的平台，政府与会展企业之间、各会展企业之间、跨区域会展行业之间的联系更加紧密，市场秩序进一步规范，不同区域之间会展业的合作与交流亦成为可能。珠三角各城市均有自己的会展行业协会，还有会展达人俱乐部、会展教育联盟等民间组织。广东省内已经形成了颇有特色的"会展行业协会群"，形成了紧密的珠三角（含港澳）城市会展协会联盟、泛珠三角城市会展协会联盟等，这在全国范围内是独一无二的，彰显了广东会展业极其活跃的发展态势。

3. 会展人才活跃

随着广东会展业的迅猛发展，广东省各高校也加快了会展人才的培养步伐。2003年，教育部启动了对高校会展专业设置的审批工作，明确了与会展专业相关的三个二级专业，即会展艺术与技术、会展经济与管理和展示设计。此后，会展专业正式成为普通高等学校本科专业。

在广东省就有20多所高校设有会展专业，如中山大学、华南理工大学、华南师范大学、广州大学、广东财经大学、广东工业大学等众多院校都开设了会展相关专业，并且全部设置了会展专业英语课程，部分学校还设置了第二外语课程，以便更快、更好地发展广东的国际会展业。同时，广东还利用优势条件设置了大量会展相关实践活动，以提高会展专业人才的实践能力。不论什么行业，人才都是极其重要的发展资源，广东会展业的健康快速发展促进了会展相关人才的培养，同时会展专业人才的培养也促进了会展业的发展。

五、区域协同发展有所改善

（一）会展经济在东莞呈现新姿态

共建"一带一路"倡议的提出，推动了新一轮全球化发展，为我国与周边国家和地区的良性合作提供了发展的平台。近年来，东莞根据国家"一带一路"倡议，提出加快构建对外开放新格局、努力在实施21世纪海上丝绸之路建设方面走在前列的工作部署，并出台了一系列有利于东莞企业"走出去"的政策大礼包。2017年东莞市政府印发了《东莞市促进企业开拓境内外市场专项资金管理办法》等6项文件,在促进企业开拓境内外市场、促进会展业发展等6个方面设置了专项资金。东莞市商务局的统计数据显示,目前"一带一路"沿线国家和地区已成为东莞市第三大出口市场。2017年,东莞市对"一带一路"沿线市场出口额为1275.2亿元,同比增长16.1%,增速高于全市8.7个百分点。

(二)珠海成为新兴会展城市

广东会展业一直集中于珠三角地区,而在珠三角内部又形成了"东重西轻"的格局,除广州外,珠江东岸(深圳、东莞、惠州)的会展经济较珠江西岸(珠海、中山、江门)发展要快得多。2014年,这个局面开始发生了微妙的变化,自10月份珠海国际会展中心开始运营以来,10月30日迎来了中国(珠海)国际汽车展览会(该车展与北京、上海、广州三大知名车展为同一主办方)、粤港澳会展业合作交流研讨会、国际规划设计大师研讨会、全国主流媒体国际宜居城市论坛等一系列活动。港珠澳大桥通车后,珠海成为连接香港、澳门、中山、江门等城市的枢纽,由过去的"交通终点"成为"交通中点",区位优势大幅提升。可以预见,珠海会展业将继续"高歌猛进",成为继广州、深圳、东莞之后广东另外一张全国知名的会展名片。

第四章

共商：多元化展贸圈层构建

商业贸易是会展活动的本质。在共建21世纪海上丝绸之路背景下，广东的产业发展水平不断提升。一方面，区域投资价值凸显、产业不断转型升级并优化布局，这刺激广东各类专业型展览会的举办需求；另一方面，市场贸易呈现越来越多的新现象、新趋势，对会展业市场格局调整具有深远影响。在全球市场国际化发展趋势愈发明显的今天，市场中多个利益相关方的价值集聚化发展趋势明显，使会展业的本质需求更加明晰。以上因素都成为构建多元化的展贸圈层的内在原动力。

第四章 共商：多元化展贸圈层构建

第一节 会展项目无限化

会展是区域经济及产业结构发展到一定程度的产物。就微观而言，展会项目的萌芽及发展与其所在行业的发展态势息息相关。新兴产业的出现、产业结构的改变、产业的发展更替等都会使产业内原有展会面临发展的机遇与挑战。

21世纪海上丝绸之路建设，使广东产业投资价值进一步凸显，同时促进了广东产业的转型升级以及产业空间布局的优化调整，这些都为展会项目的多样性、独特性和创新性注入源源不断的动力。从某种意义来说，21世纪海上丝绸之路建设促使广东会展项目实现"无限化"发展。

一、产业投资价值凸显

广东作为改革开放前沿地区，对外开放程度较高，经济发展全面，制造业体系完备，产业结构偏向工业与服务业。近年来，广东坚持把创新驱动作为发展的核心战略支撑，推进产学研多层次协同创新，把科技创新真正落实到产业发展上，并逐步形成了以创新为引领和支撑的经济体系和发展模式，使广东企业参与"一带一路"建设的深度和广度不断拓展，在全球价值链中的地位不断提升。

一方面，广东与"一带一路"沿线国家国际产能合作稳步推进，使得对外投资加速流向实体经济。特别是制造业，对外投资加快，逐渐形成以对外工程承包为先导，以金融服务为支持，形成装备产品、技术、标准、服务联合"走出去"的格局，合作内容不断丰富，涵盖基础设施、能源资源、加工制造、物流运输、农林开发等多个领域。

另一方面，广东数字经济指数在全国名列前茅，生物医药领跑全国，海洋生产总值连续25年居于全国首位。新一代信息技术、高端装备制造、生物医药、数字经济、新材料、海洋经济等战略性新兴产业正成为广东产业体系的新支柱。

为了进一步降低企业制度性交易成本、提高土地资源利用率、培育制造业新兴支柱产业、加大重大产业项目支持力度，广东省政府于2017年、2018年先后出台"实体经济十条"和"实体经济新十条"，涵盖降低税收负担，降低企业用地、用电、社保、运输、融资成本等，对于制造业"降本增效"、打造广东制造"成本洼地"具有显著的促进作用。

广东制造业在"价值高地"和"成本洼地"双重带动下，对"一带一路"沿线国家的产业投资价值不断凸显。随着产业投资量的不断提高，各类战略性新兴产业、支柱性产业的相关展会和商贸活动都将迎来新的发展机遇，这将为广东会展业拓展"无限化"的发展空间。

产业是会展业发展的内在动力，没有产业支撑的会展业是空洞而缺乏生命力的。在共建"一带一路"背景下，以区域内完善的基础设施、发达的交通体系和完备的物流系统为依托，在互联网和信息化产业的带动下，广东会展业焕发出新的生机和活力，规模不断扩大，发展水平也不断提升。正是雄厚的产业积累，为广东会展业率先向专业化发展提供了基础和承载。随着产业的转型升级和21世纪海上丝绸之路的布局，广东会展业亦有了更加丰富的题材和内涵。

【链接阅读】

2019中国广州国际投资年会展现广州投资魅力

2019中国广州国际投资年会于2019年4月2—3日在广州白云国际会议中心举行。该投资年会以"广州：老城市 新活力"为主题，展示"千年商都"广州站在开放的新起点上，坚定不移地强化粤港澳大湾区区域发展核心引擎功能，向全球持续释放"湾区引力"。

该投资年会包括全体大会、专题分会、"广州之夜"、市领导会见、广州科技成果创新展以及参观考察等活动内容,其中全体大会参会嘉宾超过1000人,参会的世界500强企业超过100家,均创历年最高纪录。此外,广州市在"一带一路"沿线国家的友好合作交流城市,以及粤港澳大湾区各地的政府、机构、企业首次组团参会,凸显投资年会的国际化水平和影响力不断提升。

同时,该投资年会开设22个特色分论坛,重点突出新一代信息技术、人工智能、生物医药、新材料、新能源产业以及新业态和新商业模式,紧扣经济热点,开展专业研讨。

值得注意的是,该投资年会是继2017年后第三次设立"科技创新成果展",共征集了26家企业参展,参展项目98项,涉及新一代信息技术、人工智能、生物医药、新能源、新材料等重点领域。展示亮点项目包括:广州小鹏汽车科技有限公司"小鹏G3",广州玖的数码科技有限公司"云XR展示方案""无限骑士""云XR+5G技术",广州医药集团有限公司"白云山三七粉""中药DNA条形码鉴定技术",鸣啦啦(广州)科技有限公司"手语翻译智能手套",广州兴森快捷电路科技有限公司"集成电路封装基板",佳都新太科技股份有限公司"三景合一平台""交通大脑平台""地铁人脸识别闸机""地铁综合监控平台",广州文远知行科技有限公司"文远知行WeRide L4级别自动驾驶汽车"。

新产业、新技术的加入,使此类国际投资年会精彩纷呈,在交易手段、展示方式等方面为参展商和观众带来全新的参展和观展感受,为会展业的发展带来新的活力。

资料来源:《2019中国广州国际投资年会简介》,见广州市人民政府网站(http://www.gz.gov.cn/gzgov/2019tzgz_nhjj/201903/154997e2be044c0aa6 5b00b53c8b4628.shtml)。

二、产业转型机遇升级

目前,广东省经济结构和对外经贸结构不断优化,新旧动能转换加快进行,一方面是广东经济实现从总量扩张向结构优化转变,另一方面是实现发展动力从依靠资源和低成本劳动力等要素投入向创新驱动转变。广东现有的国际合作产业园区也已开始从单纯的第二产业向第二、三产业联动发展,推动产业价值链摒弃过去仅依靠加工制造获取利润的生产模式,从"微笑曲线"底端的加工贸易向两端技术研发、产业链服务等高附加值环节延伸(见图4-1),广东与"一带一路"沿线国家的贸易正迈入新的发展阶段,贸易结构不断优化。

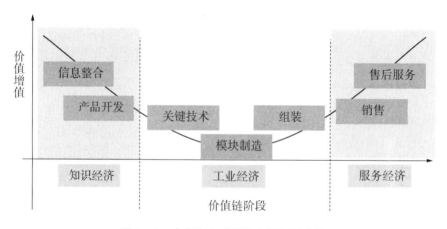

图4-1 广东产业"微笑曲线"两头翘

图片来源:作者自行绘制。

根据商务部发布的《中国对外投资发展报告2018》,2017年广东省对外投资行业分布广泛,涵盖了国民经济的16个行业分类,行业结构进一步优化。其中,对外投资流向租赁和商务服务业26亿美元,占比29.8%;流向制造业11.7亿美元,占比13.4%;流向信息传输、软件和信息技术服务业11.5亿美元,占比13.2%;流向批发和零售业11.1亿美元，占比12.7%。

一方面，会展业作为生产性服务业，它的发展离不开产业的支撑，传统产业的革新、转型与升级，地区产业结构的优化与调整，都是刺激当地会展项目需求的原生动力。只有当一个地区主导产业和会展业配合融通，不断创新生产技术，寻求技术进步，并在展示方式上有所创新，才能更加充分地发挥会展业的展贸平台优势，打造产业品牌。另一方面，会展业也需要以产业市场作为风向标，深入到产业当中，了解产业发展的最新需求和特点，这样才能使展会项目具有市场价值。

目前，广东正处于产业转型的关键阶段，产业市场发展趋势将指引下一阶段广东会展行业发展的方向，指导会展行业适应产业发展的最新需求和特点，使展会项目发挥更大的市场价值，这也是参展商和观众喜闻乐见的发展局面。

三、产业空间布局调整

目前，广东正着力构建"一核一带一区"的制造业区域协调发展新格局，进一步降低制造业企业成本，着力打造全国领先的营商环境新优势。根据全新的区域发展战略格局，广东将在珠三角大力实施创新驱动发展战略，切实推动动能转换，加快建设现代化经济体系；支持东西两翼大力发展实体经济，打造广东经济新的增长极，与珠三角城市串珠成链，建设沿海经济带；在粤北山区筑牢绿色屏障，建设生态特别保护区。

产业布局的调整，促使广东省内各区域立足自身的功能定位，在交通基础设施、产业园区和产业项目等方面实现差异化发展，因地制宜地形成不同的优势产业和特色产业。根据统计，2018年上半年珠三角地区工业增长7.5%，分别高于东翼、西翼、山区1.6个百分点、4.6个百分点和3.6个百分点，有力地支撑了珠三角稳中有进的发展态势。东翼的优势行业是交通运输仓储和邮政业（增长14.2%）、营利性服务业（增长25%）。西翼的金融业（增长8.0%）、房地产业（增长6.3%）优于其他地区。粤北山区的营利性服务业（增长20.1%）也发展较快。在广深"主引擎"的牵引下，珠三角正朝着深度一体化走得更远。

此外，广东省农业厅还大力发展"一村一品、一镇一业"，打造岭南特色水果、蔬菜、南药、畜牧、水产、饲料6个千亿产业集群和一批百亿产业集群，使镇村经济成为新的发展亮点。广东还于2018年全面启动50个省级现代农业产业园创建工作，旨在到2020年创建100个省级现代农业产业园，形成"百园强县、千亿兴农"的产业兴旺新格局。

一方面，在产业布局调整带动之下，广东的专业会展市场将因区域产业发展格局而面临重新洗牌，区域会展业发展格局亦将有所调整，更多的区域特色产业将抓住会展市场先机，成为会展业新生力量。另一方面，随着乡村振兴战略、"一带一路"倡议等国家大政方针的落实，镇、村也将成为会展业发展不容忽视的蓝海市场，县域特色会展业发展指日可待。

第二节 市场贸易无障碍化

会展业是市场发展的"晴雨表"，根据目标市场的性质和特点，相关会展活动也衍生出不同的表现形态与趋势。具体而言，共建21世纪海上丝绸之路，拓展了广东商贸市场新空间；粤港澳大湾区的崛起，也成为一股不容忽视的新的市场力量；市场上"互联网+"的贸易新方式的出现等，都是广东会展业需求市场的新趋势、新动态。因此，会展业发展中需要重点关注这些市场主体之间的契合点与互动作用，才能更好地发挥会展的平台作用，提高会展的市场黏性。

一、市场新空间激发需求

自共建"一带一路"倡议提出以来，广东深度参与、有序推进"一带一路"建设,提升对外经贸合作水平,不断加快广东品牌、广东制造业"走出去"的步伐。《中国广东企业"一带一路"走出去行动报告2018》显示,2017年广东与"一带一路"沿线国家进出口贸易额为15036.9亿元人民币,同比增长14.9%,占全省进出口总额的22.1%。与海上丝绸之路沿线重点14个国家进出口贸易额同比增长14.6%,高于全省8%的进出口贸易额增幅。目前,广东在海外设立企业7000多家,遍布全球130多个国家和地区,逐步实现广东与海上丝绸之路沿线国家和地区的经贸、文化、科技融合发展。

根据广东省商务厅统计数据,2018年1—12月,广东省核准境外投资新增中方协议投资额99.6亿美元,同比下降18.6%;对外实际投资138亿美元,同比上升57.71%;对外承包工程完成营业额175.7亿美元,劳务项下和工程项下累计派出各类劳务人员53029人,期末在外各类劳务人员92836人。2018年,广东省实际吸收外资1450.9亿元,同比增长4.9%;新设外商直接投资项目35774个,同比增长130.4%。可见,广东省对外贸易将迎来更加广阔的发展空间,这也将给各类会展活动带来正向刺激效应。

在共建"一带一路"倡议背景下,各类国际贸易投资论坛在多个国家和地区召开,吸引了沿线国家政界、商界和专家学者等精英的关注,为贸易投资领域带来前所未有的机遇。贸易投资活动需求的日益增长,为各类贸易投资性的会展活动拓展了新的空间。未来,在全球经济新常态下,世界会展业的版图将逐步转移到亚洲国家等新兴市场。

【拓展阅读】

2019年世界港口大会拓展广州港"朋友圈"

2019年5月6日至10日,有着港航界"奥林匹克"之称的2019年世界港口大会在广州白云国际会议中心举行,来自全球近50个国家和地区的约1000名嘉宾齐聚广州,共襄盛会。

本次大会的主题为"港口与城市——开放合作,共享未来",共历时5天。该大会除了国际港口协会董事会、各区域午餐会、技术委员会分组会议、妇女论坛外,还有1场全体大会、1场主旨演讲和6个平行分论坛等系列会议,与会嘉宾还就"一带一路"倡议、港城竞合发展、港口升级等主题进行了深入探讨。此外,还设有专门的展区为来宾提供洽谈和推介。

在大会期间,广州港还成功与8个国际港口签署友好港协议,广州港国际"朋友圈"再添好友。至此,广州港的友好港总数达到50个。广州市还启动了"绿色港航"战略合作框架协议和"大湾区5G港口创新中心"等多个合作项目。

大会邀请包括中国交建、中远海运、马士基、华为、阿里巴巴、中国银行等在内的世界500强企业参会。此外,来自美国、德国、澳大利亚、委内瑞拉、马来西亚等国家的港口企业,以及国内的珠海、北部湾等地的港口企业也预定了展台席位。荷兰鹿特丹港、印度尼西亚丹戎不碌港等港口通过大会平台举行专题推介会与签约仪式。

资料来源:广州市港务局《东方古港迎盛会,2019年世界港口大会即将开幕》,见广州港务局公共信息网(http://www.gzport.gov.cn/gzsgwj/gzgxw/201904/96ef134ec1374d87b22a6361759c60d5.shtml)。

二、市场新主体异军突起

长期以来，贸易是珠三角地区经济增长的传统引擎。在2008年《珠江三角洲地区改革发展规划纲要（2008—2020）》出台以后，珠三角一体化开始步入新的发展阶段，并形成了较为明显的产业错位、互补发展的格局。广东省统计数据显示，2008年珠三角9个城市平均产业同构系数为0.6176。此后，珠三角各市平均产业同构系数呈下降趋势，2014年为0.5834，6年间下降了0.0342，平均每年下降0.006。[①]

在2015年3月国家发展改革委、外交部、商务部联合发布的《推动共建丝绸之路经济带和21世纪海上丝绸之路的愿景与行动》中，"粤港澳大湾区"的概念首次被明确提出。粤港澳大湾区凭借共建"一带一路"倡议带来的发展机遇，积极探索如何借助对外贸易这一传统引擎，在国际产业中立足，依托我国改革开放前沿和产业高地优势，逐渐成为亚太地区一个耀眼的市场新主体。

广东的加工制造业与香港及澳门的服务业形成了良好的合作互补关系，产业合作基础较为扎实。香港、澳门、广州、深圳的服务业均具有优势，城市服务业占比达到60%，其中香港的金融业较为发达，以博彩业为代表的文娱产业则是澳门的支柱产业，广州的商业租赁等专业服务具有优势，深圳的信息科技和金融产业亮点颇多。而佛山、惠州、中山、珠海、江门、东莞等城市则在制造业方面具有优势，逐渐形成了珠江西岸的电气机械和家电以及珠江东岸的计算机等电子设备制造两个产业集群。围绕这两个核心产业集群，所在区域的配套产业也蓬勃发展。

新的市场主体形成，特别是跨行政区域的合作主体形成，为原有的市场供给注入新鲜血液，对于城市推广、贸易促进、招商引资等需求大大增

---

① 彭惜君：《〈纲要〉实施以来珠三角产业一体化进程研究》，载《广东经济》2015年第8期，第38-43页。

加，进一步刺激相应的展贸平台需求，为会展业的进一步发展提供了更加广阔的空间。例如，广东联合香港商务及经济发展局、澳门贸易投资促进局等港澳相关部门推介大珠三角活动，探索抱团"走出去"新模式。广东通过举办粤港澳经济技术贸易合作交流会、第八届国际基础设施投资与建设高峰论坛，赴泰国、马来西亚、越南联合开展经贸交流会等各类会展节事活动，逐步搭建崭新的商贸平台。

三、市场贸易新方式出现

当前，跨境电子商务等新业态、新模式正成为推动贸易畅通的重要新生力量。特别是"丝路电商"合作蓬勃兴起，中国先后与17个国家建立了双边电子商务合作机制，在金砖国家等多边机制下形成电子商务合作文件。据统计，2018年通过中国海关跨境电子商务管理平台零售进出口商品总额达203亿美元，同比增长50%。其中，出口84.8亿美元，同比增长67.0%，进口118.7亿美元，同比增长39.8%。市场中新的贸易方式的兴起，直接刺激了境内外企业对接和品牌培育的实质性需求，从而带动了相关展会市场需求的扩大。

"一带一路"背景下跨境电子商务的发展为会展业的发展提供了新方向，为展示经济特色、中国文化提供了新平台。这个新生业态在"互联网+"模式下应运而生，市场主体交易方式和习惯的转变，要求相关产业的会展活动在展会组织形式、管理模式、展示方式等方面有所创新，并积极探索"会展+"的新方式，通过"线上+线下"相结合的模式，适应新兴商贸业态特征，从而不断提高会展交易的效率。

第三节 利益价值集聚化

会展业的实质是共同打造一个价值平台,使各个利益相关方能够通过这一平台实现利益的交换与增值。在共建21世纪海上丝绸之路背景下,广东会展业要构建多元化的展贸圈层,首先需要厘清不同层次参与主体的利益需求,经营展会各方利益群体的关系网络,构建平台生态圈。

一、国际多边合作的桥梁

在"一带一路"合作机制化进程中,中国与共建国家有效盘活现有机制,并积极探索和推进机制的创新。通过充分利用多边合作机制,发挥包括上海合作组织(SCO)、中国—东盟"10+1"机制、亚太经合组织(APEC)、亚欧会议(ASEM)、亚洲合作对话(ACD)、亚信会议(CICA)、中阿合作论坛、中国—海合会战略对话、大湄公河次区域经济合作(GMS)、中亚区域经济合作(CAREC)等在内的现有多边合作机制的作用,让更多国家和地区参与"一带一路"建设。

在国家层面,"一带一路"建设需要加强我国与沿线国家的互联互通,推动国际和区域层面的经济合作,加强各机制之间的联系和互动,这就需要一个更加广阔的、国际化水平更高的会展平台为金融、商贸、基建、文化等领域提供信息窗口。我国发起的国际多边合作平台,如博鳌亚洲论坛、中国—东盟博览会、中国—亚欧博览会、欧亚经济论坛、中国国际投资贸易洽谈会,以及中国—南亚博览会、中国—阿拉伯国家博览会、中国西部国际博览会、中国—俄罗斯博览会、前海合作论坛等相关国际论坛与展会,均为推动全球共同发展搭建了对话与合作的桥梁。

二、参与产业合作的纽带

在产业层面,共建"一带一路"倡议促进了我国经济发展,推动了沿线国家基础设施建设,提升了贸易及投资价值,催生出中国与沿线国家更多的新市场。同时,它也让中国产能和产品得以输出,让更多的"中国特色""中国品牌"走出国门,走向世界,参与更多的国际产业联盟,与更多的国外企业建立合作伙伴关系。近年来,广东省贸促会积极开展广东省驻境外经贸代表处、境外广东商会等经贸服务平台建设。据统计,广东省贸促会已先后在20个国家(地区)设立了23个代表处(联络办),在与广东经贸联系较为紧密的地区推动成立了17个广东商会,在宣传推介广东、服务各单位各地市开展境外经贸活动、招商促贸、帮助企业"引进来"、信息报送等方面发挥了积极作用。

在此基础上,会展业对于人流、物流、信息流的整合与集聚能力强大,而广东作为"一带一路"沿线重要的会展集群,可以充分发挥会展活动"以小博大"的杠杆功能和"催化剂"作用,推动"一带一路"各项事业真正落地。

此外,会展产业切实发挥了其牵线和交易功能、技术扩展功能以及整合营销功能,无论是单一的商业展览会议还是国家级的高峰论坛、旅游节庆活动以及体育赛事,不仅为现代会展业提供了新的融资平台和注入了创新活力,更为会展产业的转型升级提供了新思路和新机遇。

三、企业品牌传播的窗口

在共建"一带一路"倡议背景下,除了"打开门迎客"外,更多的企业主动走出国门,开展不同层次的贸易合作,为出国拓展市场带来更多机遇。一方面,部分企业利用粤港澳大湾区产业转型升级的机会,根据东盟不同国家处于不同发展阶段的实际情况,进行不同层次的投资合作,如从新加坡引入高端产业,到马来西亚、越南、印度尼西亚、柬埔寨等投资劳动密集型产业,与缅甸、菲律宾等进行农产品加工合作,与新加坡、马来西亚、泰国等进行旅游合作等;另一方面,亦有部分企业发挥华人华侨的优势,利用广交会等会展活动,吸引东盟国家的投资,加强粤港澳大湾区与东盟的商贸往来。

展会为企业的商贸活动提供了一个展示、交流和交易的平台,通过这个平台,贸易双方能够在较短的时间内快速建立联系,充分地了解双方的供需信息,特别是对于新产品、新技术的推广和展示有着重要的作用。而且,面对面的沟通可以加快信息交换的速度,省去大量的中介环节,能够迅速地发现和传递产品、价格、市场以及产业发展等方面的信息,降低信息传递的误差,减少双方寻找潜在对手的时间和费用,降低交易成本,具有便捷性、集中性、直观性和快速性的特点。在一些交易会、展览会和洽谈会上,供需双方会签署大额的购销合同,以及投资、转让和合资意向书等,从而在短时间内促成买卖双方的交易。

更重要的是,当产业规模发展到一定程度,新兴企业需要平台进行品牌的塑造与推广、龙头企业需要平台进行品牌的巩固和更新。而展会除了能起到树立企业形象、展示产品品牌的作用外,更重要的是它可以通过有限的展台来展示无限的企业文化,特别是我国企业在走向世界的过程中,更需要会展这一"软平台"作为支撑。首先,是思想展示,展会是个大舞台,它能够向公众展示企业的文化理念和思想。其次,是理念营销,借助展会,企业可以对公众推销自身理念和文化,从而吸引和征服用户群,为企业建立通畅而稳固的营销渠道。最后,是文化交流,展会上,参展单位不同文化背景之间的展示和碰撞,各种单位之间相互学习和借鉴,不断提高自身的综合竞争力。

第五章

共建：深层次合作圈层构建

21世纪海上丝绸之路建设被注入了新的时代内涵，合作层次更高，覆盖范围更广，为经济、文化、政治等发展带来机遇的同时，也为会展业的繁荣发展提供了重要平台。"一带一路"建设为广东会展业探索构建深层次的合作圈层提供了诸多有利因素，依循"大会展，大产业""大背景，大环境""大合作，大舞台"三个发展理念，将盘活广东会展业，使更多的参与者和资源参与到会展行业发展当中，共同构建深层次的会展合作圈层。

第五章 共建：深层次合作圈层构建

第一节 大会展，大产业

在共建 21 世纪海上丝绸之路倡议背景之下，构建广东会展业深层次合作圈，首先需要从会展产业本身出发，梳理会展产业与其他相关产业的互动关系。通过厘清会展产业的核心系统、支持系统及介入系统的关系，跳出"小会展"的行业圈子，向"大会展"产业系统（见图 5-1）转变，为共建 21 世纪海上丝绸之路倡议背景下广东会展业的提升发展寻求支持和保障。

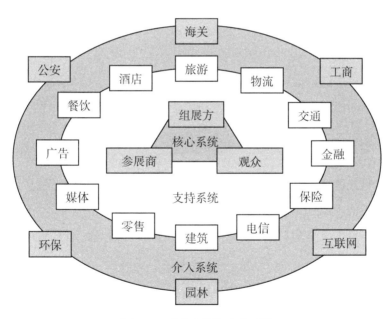

图 5-1 "大会展"产业系统

图片来源：作者自行绘制。

一、核心"经三角"内在提升

会展业是一个多利益相关方参与的多层次行业系统,其中参展商、观众和组展方是系统中的核心成员,三者之间的互动带动起整个行业系统的运转,从而形成一个不断变化、发展的产业系统,成为会展活动最稳固的"经三角"。

(一)参展商走向成熟

目前,广东会展业除参展商市场规模不断扩大且来源地多样化外,企业性质也更加多元化。早在 1978 年,我国进行下放外贸经营权的体制改革,广交会率先把新获得外贸经营权的企业吸收到参展队伍中。此后,越来越多的民营外贸公司入驻广交会。

到 21 世纪的今天,民营企业已经成为广东乃至全国会展业参展市场的中流砥柱。随着参展商的参展经验越来越丰富,他们的参展组织管理能力也在不断提高。参展商越来越重视展位设计的艺术性和合理性,通过运用 VR 技术、游戏、表演等多种形式使自己在展会中脱颖而出,吸引观众驻足。

随着共建"一带一路"倡议的持续深化,相信将有越来越多"一带一路"沿线国家和地区的企业参与到广东会展业的大平台上,为广东会展业的发展提出更多新的方案。广东也可以顺势而为,通过制定"一带一路"专题会展业发展规划,依托中国—东盟博览会、中国—亚欧博览会、欧亚经济论坛、中国国际投资贸易洽谈会、中国—南亚博览会、中国—阿拉伯博览会、中国西部国际博览会、中国—俄罗斯博览会等会展平台,开展更加多元化的会展合作活动,盘活参展商市场。

(二)观众成衡量标准

值得关注的是,近年来广东乃至全国会展市场的重点从参展商转向观众，观众的话语权正大幅提升，观众的规模和质量成为评价一个展会成功与否的重要指标，也是参展商进行参展决策的首要考虑因素。观众在展会活动上表现出更加多样化的需求，除了传统的交易洽谈外，他们追求独特的参展体验、便捷的参展服务，甚至对展会举办城市的整体基础设施和公共服务提出了更高的要求。

因此，无论作为会展举办地还是组展方，都需要跳出"小会展"的视野，在更加广阔的平台上寻求与其他产业、其他参与方的合作和联动，从而更好地服务观众。

（三）组展方走向国际化

近年来，国内会展企业越来越关注展会品牌的建设与维护问题，在运营和管理上积极与国际化行业标准接轨。截至2017年，广东已有27个组展方获得UFI认证，成为UFI会员，占中国会员数的23.08%。① 2017年广东获得UFI认证的展会明细如表5-1所示。与此同时，广东逐渐形成一批名牌展会，包括中国国际高新技术成果交易会（深圳高交会）、中国国际中小企业博览会、中国国际航空航天博览会（珠海航展）、国际名家具（东莞）展览会等。

表5-1 2017年广东获得UFI认证的展会明细

序号	名称	举办城市	组织单位
1	第三十三届广州编织品、礼品及家具装饰品展览会	广州	广州益武国际展览有限公司
2	中国国际陶瓷工业展览会	广州	中国陶瓷工业协会
3	中国国际中小企业博览会	广州	中国国际中小企业博览会事务局
4	华南国际口腔展览会	广州	广东国际科技贸易展览公司
5	广州（锦汉）家居用品及礼品展览会	广州	广州市锦汉展览有限公司

---

① 《2017年广东省展览业发展白皮书》，第81页。

续表 5-1

序号	名称	举办城市	组织单位
6	（中国）国际表面处理、电镀、涂装展览会	广州	广东智展展览有限公司
7	中国国际塑料橡胶工业展览会	广州	深圳市机械行业协会
8	中国（深圳）国际文化产业博览交易会	深圳	深圳文化产业博览交易会有限公司
9	中国（深圳）国际礼品和家居产品交易会	深圳	励展华博展览（深圳）有限公司
10	国际礼品及家居用品博览会	深圳	励展华博展览（深圳）有限公司
11	中国（深圳）国际时尚品牌博览会	深圳	环宇时尚展览（深圳）有限公司
12	中国国际光电博览会（CIOE）	深圳	深圳贺戎博闻展览有限公司
13	中国（深圳）国际机械及模具工业展览会（SIMM）	深圳	深圳市机械行业协会
14	中国（深圳）国际钟表、珠宝及礼品展览会（CWJF）	深圳	深圳市钟表行业协会
15	深圳国际全触与显示展	深圳	上海励扩展览有限公司
16	中国国际高新技术成果交易会	深圳	深圳会展中心管理有限公司
17	深圳国际家具展	深圳	深圳市家具行业协会
18	深圳国际小电机及电机工业、磁性材料展览会	深圳	广东智展展览有限公司

数据来源：《2017年广东省展览业发展白皮书》。

会展业作为经贸、文化的重要展示窗口，在"一带一路"建设中承担重要的角色。广东作为海上丝绸之路的重要枢纽，迎来了一系列国际性商贸展会的新高潮。新时期，外资企业将成为组展方中不可忽视的一股力量。在市场化机制下，国外会展企业通过成立合资企业，设立办事处、咨询机构或代理机构等方式进入广东市场，一方面将为广东会展业带来先进的会展理念和技术，但另一方面也对国内会展企业提出了挑战。如何建立自身的企业品牌以及展会品牌，已成为广东本土会展企业亟须思考的问题。

二、支持性产业外在保障

会展活动已不再是一个孤立的概念，而是涉及多行业的综合性社会经济活动。一方面，日益成熟的会展业要求更多行业加入产业圈层当中，为参展商及观众提供更加专业、细致的服务，进而提升会展核心圈层的规模及层次。另一方面，会展核心系统作为多方桥梁及纽带，需要将多个相关行业连接起来，使组展方、参展商、观众以及圈层内各行业之间充分的沟通与互动，从而提升会展支持系统中各行业的整体水平。

（一）展馆设施持续改善

展馆是举办展会最重要的载体，展馆选址，展馆面积、设计及其设施建设，以及周边配套环境等因素都会影响展会的举办。相应地，也有不少大型品牌展会成为展会举办城市基础设施建设的重要推动力量，并带动一个展馆甚至展馆周边区域的兴旺。

根据统计，2013—2017 年，广东省展览业的展馆数量与展览面积同时取得稳步增长。截至 2017 年，广东省共有大小展馆 34 个，总展览面积达 237.76 万平方米，室内可租用面积达 147.62 万平方米（见表 5-2）。其中，大型展馆和特大型展馆各有 4 个，室内可租用面积分别为 25.18 万平方米和 74.20 万平方米。中型展馆有 11 个，室内可租用面积为 33.31 万平方米。小型展馆有 15 个，室内可租用面积为 14.93 万平方米。良好的展馆设施为广东举办不同主题、不同类型、不同规模的国际性会展活动提供了良好的配套支撑。

表5-2 2017年广东省展览场馆规模分布

展馆类型	展馆规模	展馆数量（个）	所占比例	室内可租用面积（万平方米）	所占比例
小型展馆	2万平方米以下	15	44.12%	14.93	10.11%
中型展馆	2万~5万平方米	11	32.35%	33.31	22.56%
大型展馆	5万~10万平方米	4	11.76%	25.18	17.06%
特大型展馆	10万平方米以上	4	11.76%	74.20	50.26%
总计	—	34	100.00%	147.62	100.00%

数据来源：《2017年广东省展览业发展白皮书》。

（二）走向国际化的酒店业

作为一种新兴产业，会展业的发展对酒店业提出了较高要求。酒店业必须充分发挥自身优势，加强硬性环境及软性服务建设以满足会展需求。具有一定规模和档次的酒店能够为会展发展提供驱动力，酒店为会展人员提供服务的同时也为会展业产生间接效应提供支撑。在酒店业的驱动下，目的地的会展支撑体系日臻完善，优质的服务体系逐步形成。

经过30多年的发展，广东的酒店业现已颇具规模。据携程网的统计，在2015年中国各城市酒店总量前十名中，广州、深圳两市分别以酒店总数8136家和5335家位列第四与第八。① 2016年广东省城市分类和五星级酒店数量统计数据显示，广东全省有五星级酒店91家。广东省星级酒店的数量和高档次酒店的数量在全国均位居前列，全省酒店行业的经营状况较好。其中，在广东21个地级市中，拥有五星级酒店的有17个。有着"领头羊"地位的两个一类城市广州与深圳，五星级酒店数量分别多达17家和16家。而二类城市中的五星级酒店一般也有数家。三类与四类城市，

---

① 《中国酒店总数统计及分析》，见道客巴巴（http://www.doc88.com/p-2952800416585.html）。

一般一个城市有一家五星级酒店或者没有五星级酒店。①

一方面,"一带一路"建设带动了整个亚太地区酒店业的发展乃至影响整个酒店资本市场的发展,它促使中国品牌酒店有更加良好的环境"走出去",与世界酒店行业对话。另一方面,国际旅客需求的激增,也促使酒店业在与国际接轨的过程中必须提高服务质量以适应会展的新形势。逐渐走向国际化的酒店业将进一步提升珠三角的会展发展潜力和城市集聚能力,在很大程度上增强区域的接待能力和服务能力,提升参展商和观众的参展体验,对于广东举办更多大型国际性展会具有重大意义。

(三) 汇通天下的物流业

物流业既是现代产业体系的重要组成部分,又是衡量地区营商环境优劣和综合发展实力的重要指标之一。近年来,广东物流业的发展呈现出迅猛态势。根据统计,广东社会物流总额从 2012 年的 14.7 万亿元增长到 2017 年的 22.6 万亿元,税收规模跃居全国第二位,仅次于上海。同时,国家对于广东地区的物流支持颇多,不仅出台各种文件政策,还将广东地区作为重点发展对象。《广东省物流业降本增效专项行动实施方案(2017—2018 年)》也提出积极参与实施国家"一带一路"倡议,衔接国家级物流枢纽设施布局和建设规划,建设粤港澳大湾区物流枢纽,构建"粤港澳—西南省份—东盟国家"国际综合物流大通道,布局和完善一批具有多式联运功能的综合物流枢纽,统筹推进公路、铁路、水运、民航等基础设施无缝衔接。这些宏观政策将进一步刺激广东物流业向更高水平发展。

会展物流作为会展业的支持性产业,在会展经济的发展中发挥着重要作用。在共建 21 世纪海上丝绸之路背景下,广东的物流业不断发展完善,促进了会展物流质量的提升,为广东会展业的发展提供了极大的支持和帮助。

---

① 《广东省五星级酒店分布状况》,见道客巴巴 (http://www.doc88.com/p-435760957.html)。

共建"一带一路"倡议的提出,为沿线国家及地区的商品提供了新的流通渠道,各地区自由贸易试验区的建立、国际新航线的开辟以及高铁建设的扩大,为物流企业的转型升级提供了保障。随着共建"一带一路"倡议尤其是建设 21 世纪海上丝绸之路布局的逐步深入,广东将承接更多的物流业务,促使全省物流企业加快转型升级,提高物流服务水平,物流集约化和组织化程度越来越高。会展物流可以加强广东与沿线国家及地区的会展贸易紧密程度,从而成为加快多边贸易发展、全面提升对外经贸合作水平的重要窗口。

三、介入性产业烘托环境

会展业的介入系统主要指为会展活动提供基础设施,为其营造良好的办展氛围的依托行业。由于会展业是综合性强、关联度高的服务贸易行业,同时展会活动具有较强的地域植根性,所以在考虑大会展业发展时,不能够割裂会展业与区域宏观环境的内在联系。

(一) 全域交通立体网络提升

交通区位是会展业发展的重要条件。对内而言,广东地处中国大陆南端,位于南岭以南,南海之滨,与广西、湖南、江西和福建接壤,与海南隔海相望;对外而言,广东是中国的南大门,毗邻港澳,连接东南亚,地理位置优越,区位优势明显。正是由于这种得天独厚的地理区位优势,广东早在秦汉时期就已经成为我国海外贸易的咽喉要道。

时至今日,因优越的交通区位条件,华南地区会展业资源逐渐向广东会展发达城市广州、深圳、珠海等集聚,形成了完善的会展产业链条。由于企业参展的交通及运输成本相对较低,广东已成为目前华南地区最为活跃的会展省份之一。

1. 梯度鲜明的港口布局

广东全省拥有海岸线 3368 千米,占我国大陆海岸线的 18.7%,居全

第五章 共建：深层次合作圈层构建

国第一。① 目前已经逐步形成了以深圳港、广州港、珠海港为枢纽的珠三角港口群和以汕头港、湛江港为主体的东西两翼港口群。近年来，港航建设不断加快，建设重点由传统的"重公轻水"逐步转向"公水联运"协调发展，沿海港口深水化和船舶大型化也持续推进。广东发达的水运网不仅为大宗展品展具和交易货物的远距离运输提供了可能，也节省了运输成本，使广东成为举办国际性专业展会的目标选址地。

港口是广东对外开放的重要平台，是"一带一路"建设的重要节点，更是21世纪海上丝绸之路的重要枢纽，在广东融入"一带一路"过程中居于重要的角色。广东的港口建设和发展，实现了城市、地域、国家之间的交通运输连接，对加快构筑大口岸、大通关、大流通、大辐射的会展经济体系，形成一批外向关联度高的会展经济主体，发展一批国际化程度高、产业带动力强的优秀品牌展会起到了重要作用。

【拓展阅读】

广东珠三角主要港口群"成长史"

广州港是华南地区最大的综合性枢纽港，2018年，广州港货物吞吐量居华南地区第一位，国内沿海港口第四位，全球港口第五位。广州港从公元3世纪30年代起成为海上丝绸之路的主港，唐宋时期成为中国第一大港，是世界著名的东方大港。明清两代，广州港成为中国唯一的对外贸易港口，是世界海上交通史上唯一一个2000多年长盛不衰的大港，可以称为"经久不衰的海上丝绸之路东方发祥地"。步入21世纪，在腹地经济持续快速增长的支撑下，广州港快速发展，现已与世界170多个国家和地区的500多

---

① 《广东之最》（第三辑），广州出版社2000年版。

个港口有贸易往来。内河可沿东、西、北江航道沟通广东各地和广西，与100多条河道相连接。

深圳港位于中国改革开放最早、外向型经济发达的珠三角地区，深圳港区地形呈带状，一东一西挑着两大港区，即东部港区和西部港区。以盐田国际为代表的东部港区，主要以远洋集装箱运输为主。以蛇口、赤湾为代表的西部港区在集装箱内外贸、干支线和国际中转及散杂货运输方面协调发展。从建港到2017年，深圳港已与德国汉堡港、斯里兰卡科伦坡港等22个国际知名港口建立了友好港关系，深圳港国际港口链雏形逐渐丰满。截至2018年，深圳港已开辟国际班轮航线245条，通往100多个国家和地区的300多个港口，三大联盟班轮航线挂靠深圳港的数量超过100条，位居全球港口首位。

珠海港有8个港区，根据功能和定位分为西、东、中三片，分别为九洲、香洲、井岸、斗门、唐家、桂山、洪湾、高栏港区，其中高栏港区是主体港区。随着广珠铁路、高栏港高速、机场高速的通车，形成了日趋完善的集疏运体系，珠海港已经成为连接我国西南地区与港澳的交通枢纽。珠海高栏港区基本形成华南煤炭储运中心、石化产业集群、先进装备制造三大产业集中区。2017年珠海港集装箱吞吐量突破200万标箱，在全国24个沿海主要港口集装箱吞吐量增速排名中，位列第一。

港口综合实力的持续增长巩固了三地龙头大港的地位，也为广东引领粤港澳大湾区建设世界航运枢纽奠定了基础。在共建"一带一路"的新形势之下，港口的会展经济更是广东新的经济增长极。由于各港口显著的区位优势，其带来的辐射可达珠三角甚至泛珠三角各地。这些港口广泛服务于珠三角地区以及省内外其他地区，

> 为广东的对外开放和发展外向型经济做出了重要贡献，为广东乃至全国对外贸易的发展起到极其重要的推动和促进作用。在现代物流业中，以广州港和深圳港为龙头的各港区区位良好，大大缩短了展品运输时间，降低了运输成本，提高了广东作为展会举办地的吸引力。
>
> 资料来源：作者根据珠三角主要港口群的历史资料撰写。

2. 领先全国的公路交通

在公路交通方面，为支持城市空间拓展和区域经济协调发展，广东早在2013年就吹响了"交通大会战"的号角，力图缩小粤东西北与珠三角地区的基础设施建设差距，全面加快高速公路建设，尤其是出省通道和粤东西北连通珠三角地区的高速公路建设，提高了这些地区的通达性，着力构建综合交通运输网络，可以说是举全省之力打响、打赢全省高速公路建设的大会战。交通基础设施建设作为粤东西北发展抓手的作用更加凸显，交通先行为广东会展业的内联外通打下了坚实的基础。

截至2017年年底，广东有7条新的高速公路通车。至此，广东的高速公路总里程达到8338千米，连续4年居全国第一。形成了以珠三角为核心，可通粤东西北、西达云南、东到福建、南至海南，连通港澳的公路布局。逐步形成以"十纵五横两环"为主骨架，53条加密联络线为补充，以沿海地区为扇面，以主要城市和港口为重点，辐射粤东西北地区和内陆省份的高速公路网络。值得一提的是，2017年6月港珠澳大桥岛隧工程全线贯通，对于推动珠三角西岸三市（珠海、中山、江门）的经济发展，承接香港的服务业资本和产业转移具有重要的意义。港珠澳大桥与其他交通方式的结合（见图5-2），将提升邻近地区整体的交通运输能力，加强人流、物流联系，为泛珠三角会展业协同发展搭建起新的桥梁。香港和澳门的会展业也可以扩大市场腹地，迎来新的机遇。

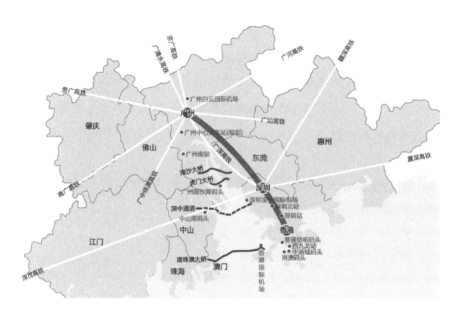

图 5-2 粤港澳地区交通互联情况

图片来源：作者自行绘制。

对于广东省内的出行需求，珠三角地区率先探索打造"一小时生活圈"，通过轻轨和城际巴士，极大地节省了参展商的城际通勤时间。便利的城际交通使参展商可以利用展会间隙或展前、展后时间前往其他城市进行商品采购及商务考察活动，让参展商的参展体验更加丰富。由此产生的短途旅游也很大程度地延伸了会展的产业链，实现了广东省内会展资源的流动和市场的共享。

广东省内部以及与周边省区之间的"任督二脉"被打通，便利了区域内会展业的物流、人流和信息流的沟通和传递，使广东成为我国华南地区物资的集散地，实现了各地会展资源的共享，对于发展粤东西北会展产业、扩大珠三角会展经济辐射力度，甚至接轨东盟贸易平台都有重大的意义。

3. 方兴未艾的铁路交通

在铁路交通方面，广东的铁路建设一路高歌猛进。2016 年，广东高快速铁路通车里程已达 1360 千米，位居全国前列。省内高铁可直达 18 个省份,随着武广高铁、厦深高铁、南广铁路和贵广铁路的相继开通,珠三角与西南地区、海峡两岸及长三角的距离逐步缩短。广东省"十三五"规划提出2020年广东"市市通高铁",高快速铁路运营里程达到2000千米的目标,基本形成东联海峡两岸、沟通长三角地区,西通桂黔、辐射大西南地区、北达湘赣、连接中原地区的高快速铁路网络骨架。到2020年,广东铁路出省通道将由原有的京广铁路、京九铁路、广深铁路、黎湛铁路、赣韶铁路、柳韶铁路、粤海铁路和梅坎铁路8条铁路增至12条,形成以广州为中心,"三纵二横"的主干线,使广东进一步拓展了中长途快速通道。此外,京广线还增发了"夕发朝至列车",为城市之间商务人士的出行提供了极大的便利。

此外,我国铁路经过六次大提速,客运和货运速度越来越快。密集的铁路网络和高快速铁路运输的优势对于加强会展信息交流,降低会展产品和人员运输成本具有重要作用。

在国际铁路交通方面,广东还积极探索国际货物班列运输模式,自提出共建"一带一路"倡议以来,广东先后开通中欧班列、中亚五国班列以及中国至南亚班列,以开拓海外市场,推动沿线国家之间扩大国际会展贸易和物流合作。

4. 辐射世界的航空交通

广东省内三大国际机场与地区外向型经济也形成了良性互动。特别是珠三角地区内机场密集分布,枢纽机场地位突出,并形成了以广州白云国际机场为枢纽,深圳宝安国际机场为干线,珠海金湾机场等为支线,辐射全国、连接海外的民航运输网。而广州机场、深圳机场、珠海机场与相邻的香港机场、澳门机场,构成了"全球最密集机场群",集聚程度远高于国内其他地区。2002年,香港机场、澳门机场、广州机场、深圳机场、珠海机场5个机场更是共同组织了"A5"这一机场组织,首次向国际推介珠三角五大机场融合的概念,寻求与世界各大航空公司的合作。

广州白云国际机场作为国内三大国际航空枢纽之一,截至2020年1月,航线网络覆盖全球226个航点,其中国际及地区航点92个,超过70

家航空公司在白云机场运营，堪称"连接世界的节点"。根据广州市政府发布的《推进广州国际航空枢纽和临空经济示范区建设三年行动计划（2017—2019年）》，搭建了以广州为起点的"空中丝路"，建成辐射泛珠、服务全国、连通世界的民航运输网络，与国内、东北亚、东南亚、南亚主要城市形成"4小时航空圈"，同时大力发展中远程国际航线和洲际航线、增设国际直航，与全球主要城市间实现12小时通达。

（二）包罗万象的信息互联网

当前，全球新一轮互联网革命进入爆发期，互联网已从单一的技术工具演进到重构产业生态及价值创造的发展阶段。随着我国经济进入新常态，"互联网+"成为创新驱动的引擎。广东作为全国最早面临转型升级压力的省份，正处于转型发展的关键节点，以互联网推动广东产业转型升级正当其时。

近年来，广东在互联网与会展业相结合方面频现大手笔。在"互联网+"大环境的影响下，传统会展业的交易功能正在减弱，许多组展方和展会已经开始寻求借助互联网助力发展。2015年，广东现代会展管理有限公司提出打造"会展业的阿里巴巴"，宣称把会展、商贸、酒店合三为一，打造"三位一体"的综合航母。与此同时，该公司与跨国物流集团合作，组建新的信息和买家服务部门，启动"i+买家服务"项目。此外，广州国际采购中心从单纯的外贸采购平台向电商时尚产业采购基地转型，并着力打造电商体验一条街。无独有偶，已经成长为全球最大照明展的广州国际照明展的主办方也悄然启动打造电商平台的计划。除了这种会展与电子商务相结合的方法外，还有中国（广州）国际汽车展览会利用互联网技术寻求提升会展服务质量和提高观众观展便捷性的做法。中国（广州）国际汽车展览会在购票渠道上运用了全国首例银联金融IC卡闪付"免签免密"功能，为观众提供更为方便、快捷的购票和入场体验，也为车主带来实实在在的优惠礼包。此外，更多的组展方考虑的是如何更好地建立起虚拟会展环境，建设网上虚拟展会。其他的如展会营销、门禁系统、现场运营、客户关系管理等环节,也都在探索运用互联网技术。

"互联网+"会展能将互联网在会展产业的生产要素配置中的优化与集成作用充分发挥出来,提高广东会展经济的生产力和创新力,形成以互联网为基础设施和实现工具的会展经济新形态。互联网的创新成果与会展产业链上各环节深度融合的做法,也大大提升了广东会展业的创新力和拉动效应。广东要抓住全球变革契机以及我国发展进入新常态的阶段特征,把互联网引领转型升级战略上升为广东创新发展的"主导战略",强化"互联网+"对产业转型升级的引领、融合、创新驱动作用,加速产业价值链体系重构,在凤凰涅槃中实现新飞跃。

【拓展阅读】

"虎"来了:市场推动集聚新琶洲

2011年3月28日,京东商城物联网基地及华南总部项目宣布落户中新广州知识城;2012年9月27日,阿里巴巴华南物联网营运中心项目奠基仪式在增城经济技术开发区举行;2013年3月,阿里巴巴选址广州市萝岗区为"菜鸟"布局;2013年腾讯华南电子商务总部在广州奠基……如果说以上都得益于广州在物流方面的吸引力的话,那么随后这些电商巨头们在广州的渗透则更加精细化。

2015年3月,腾讯董事会主席兼首席执行官马化腾在广州国际投资年会上说,自己愿意做广州的招商局长。同样是这个月,阿里巴巴旗下核心教育培训部门淘宝大学、微商领袖联盟等相继落户琶洲。立志要做互联网创新集聚区的琶洲,在2015年出让了7块"靓地"给互联网界的大腕——腾讯、阿里巴巴、复星、国美。此次琶洲出让地块,四家巨头共拍走7块地,总价值达78亿元。可以说,此举将全国互联网巨头们更紧密地聚拢到一起(见图5-3)。

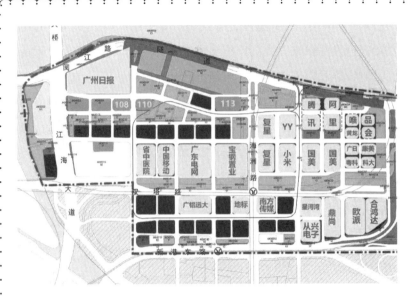

图5-3 进驻琶洲的互联网及电商巨头分布

据广州市工信委方面介绍,琶洲是广州会展经济核心区,在琶洲规划建设电子商务总部区,有利于形成电子商务都市型总部基地,促进电子商务与会展经济、总部经济联动发展。电子商务是新引擎,电商与会展联动,形成超互联网,电商和互联网的结合可以更进一步带动企业转型。产业转型和大的"互联网+"企业进来将形成大型产业带,抢占经济制高点。未来,电子商务、商贸等生产配套的比例增加到50%,成为琶洲会展中心区最核心的体系,其核心功能包括办公、网络贸易、创意产业和电子商贸展示。规划还提出,补充电子商务作为完善会展配套体系的一部分,形成会展业核心与电子商务和互联网产业双引擎驱动的发展格局。

资料来源:《"互联网+"会展:琶洲发力"双核经济"》,见网易新闻(http://news.163.com/15/0701/06/ATDSLGH100014AED_mobile.html)。

第二节 大背景，大环境

会展大环境是指能对展会举办产生影响的各种社会因素，这些因素可能会给组展方举办展会带来市场机会，也可能会造成市场威胁。会展相关主体在参与会展活动时，必须对会展大环境加以密切关注，并及时做出适当的反应，以便有效地识别和抓住市场机会，避开和减少市场威胁。

一、政府政策联通

会展业的发展离不开政府政策的支持。为了进一步保障会展业的发展，广东在政策上给予会展企业众多优惠措施。从1998年广州市颁布《广州市举办展销会管理条例》起，到2005年深圳市首次在全国设立每年2000万元的会展补贴专项资金，广东在制定与实施会展政策方面一直走在全国前列。广东各主要城市都已颁布会展相关政策法规，在一个省份内有如此多的城市对会展业给予大力支持，这在全国各省市中也是独一无二的。

（一）产业政策

产业政策主要指城市经济发展所依托的主导产业的政策导向。展会的举办离不开展会所在产业的支撑，一个产业的兴旺将带动相关专业展会的兴起。因此，产业政策导向是会展业的首要政策影响因素。

1. 产业政策影响产业定位

广东省政府于2015年正式颁布《广东省智能制造发展规划（2015—2025年）》，广东作为国内领先、具备国际竞争力的先进装备制造业基地、国家智能制造和智能服务紧密结合的示范引领区、"一带一路"倡议重要支点和开放高地,提出广东要以国际智能制造水平为标杆,推动智能制造核心技术攻关和关键零部件研发,全面提升智能制造创新能力,推进制造过程智能化升级改造,推进信息化和工业化深度融合,加快制造业转型升级。

相关的产业政策与广东的发展背景和环境相适应,对以往政策具有延续性,而准确科学的产业定位亦为行业的专业展会、会议活动在定位、主题的选择和决策方面提供了重要的依据。

2. 产业政策预示发展趋势

产业政策的引导将影响产业发展格局,从而带来产业规模和市场需求的变化。2019年出台的《粤港澳大湾区发展规划纲要》提出"构建具有国际竞争力的现代产业体系",将粤港澳大湾区建成全球科技创新高地和新兴产业重要策源地,也为粤港澳地区产业的转型升级指明了方向。

产业政策预示着产业未来的发展趋势,指明了城市产业发展重点和方向,将会带动资源投放和政策制定上的倾斜,为核心产业提供更加广阔的发展空间,从而促使一批相关题材的专业展会的兴起,也使广东展会题材结构更加丰富完整。

3. 产业政策触动转型升级

产业政策还具有前瞻性和引领性。一个产业政策的出台,可以带动相关行业的转型升级。《广东省智能制造发展规划(2015—2025年)》指出,以新一代信息技术与制造业深度融合为主线,推动制造业加快向智能化、绿色化、服务化方向转型,提升制造业核心竞争力,注重"互联网+"应用,促进制造业转型升级。

在广东制造业转型升级的大背景下,广州国际工业自动化技术及装备展览会(SIAF)亦迎合行业发展趋势,率先设置"工业机器人与机器视觉专馆""广东省机器人展区""智慧工厂专区"等。展会期间举办了"全球制造业动向与智慧工厂1.0""电子制造行业智慧工厂实践"等主题研讨会。

可见,产业政策带动下的产业转型升级将为相关行业专业展会带来更加丰富的内涵,而会展业在"互联网+"的浪潮中,也率先"触网",在行业的实践中融入众多互联网技术元素,积极促进会展业自身的转型升级。

(二) 金融政策

为了进一步保障会展业的发展,广东在经济政策上亦给予会展企业众多鼓励和优惠,其主要目的在于降低会展企业运营成本,促进本地会展企业的品牌建设。

会展业作为一个新生行业,会展企业以中小企业为主,企业资本相对薄弱,且展会运营所需资金量大、运营周期长、运营风险大,为新办展会企业带来一定的资金压力。而2008年广东省地方税务局出台的《扶持服务业发展若干税收优惠政策》,明确提出展览馆、会展中心自用的房产,按规定缴纳房产税确有困难的,可向房产所在地税务机关申请,经县(市)税务局批准,可以酌情给予定期减税或免税的照顾。这一举措在税收上减轻了会展企业的负担,扶持会展企业发展。此外,《广州市服务贸易创新发展试点实施方案》指出,广州市财政每年通过"广州市商贸流通业和会展业发展专项资金"安排2000万元服务贸易资金,统筹安排软件动漫、文化创意、生物医药、服务外包、会展、电子商务、融资租赁和总部经济等财政资金支持服务贸易相关领域的创新发展。

此类经济政策对广东会展业给予直接的资金支持,使部分具有发展潜力的新型题材展会能够有足够的资金和资源开展各类探索,使广东展会层次结构更加丰富。

(三) 海关政策

对于各类国际性展会,涉及展品的进出口业务,就需要海关部门的配合与协调。2019年广东省政府颁布《广东省优化口岸营商环境促进跨境贸易便利化措施》的通知中提出,提升国际会展业贸易通关便利化水平。推动中国进出口商品交易会、中国国际高新技术成果交易会等大型国际会展贸易通关流程进一步简化,精简申报项目,合并随附单证,实现会展监管"一次申报、一单通关"。依托国际贸易"单一窗口"平台,推动实现进境展品通关全程无纸化、电子化、网络化;对展品实行"分阶段交单"监管模式,为参展商办理通关手续提供便利。各市也先后推出各类海关便捷措施,2016 年《广州市海珠区扶持会展业发展实施方案》提出,对大型展会协调海关驻会监管,积极指导展会进境展品申请享受海关免除关税担保,为会展企业量身定做服务措施,通过"一站式"窗口实现展会确认、展品通关、核销结案等会展业务"一窗"办理、"一网"通办,关员为企业提供"一对一"精准辅导,助力广州会展业发展,这在全国是首创的;汕头海关在第 20 届中国澄海国际玩具礼品博览会现场设立海关咨询展台,向参展商、采购商提供涉及通关监管、检验检疫、后续管理、知识产权保护等方面的政策引导服务;从 2012 年第一届中国加工贸易产品博览会开始,东莞海关连续 6 年驻场服务中国加工贸易产品博览会,不断简化审批手续,还依托"互联网+海关"办理业务,降低通关成本。

此类专门性海关政策简化了国外参展商前来广东参展的程序,降低了参展门槛和成本,同时也降低了广东会展企业举办各类国际展会的运营难度和成本,为广东构建国际会展城市群提供保障,直接简化广东省内各类大型国际贸易展览会的参展手续,实现参展无障碍化。

二、行业规定接轨

广东会展业的发展受益于"一带一路"建设,但其发展离不开政府政策机制的扶持,这是会展业发展的根本保障。会展业的发展得益于政府的高度重视和强力推进,要实现可持续发展,必须落实会展业发展的政策法规保障,制定和完善会展业稳定、持续发展的政策体系、法律法规制度、监督机制,优化会展业发展的环境。目前,广东省的会展政策相对成熟,主要分为三种类型,即产业指导政策、行业规范政策以及资金和税收政策。

（一）产业指导政策

产业指导政策是指在宏观上把会展业作为重点发展产业的指导政策，包括各种会展业发展意见、会展业发展规划等。它是在大方向上指明本地区的会展业发展道路与发展方式，其主要目的在于优化办展环境，明确会展业的发展路径。其中，广州、深圳、东莞是全国最早的一批制定会展业指导政策的城市，而中山、佛山、惠州、珠海等城市也要领先于大部分的其他省会城市。

（二）行业规范政策

行业规范政策是为了指引会展业健康发展而制定的各种行业行为规范，包括会展管理条例、展会评定方法、展会知识产权保护方法等。它在中观层面指导整个会展业的顺利运转，其主要目的在于确定行业规范，推动本地会展业的法制化建设。它们有些是自上而下由政府制定的强制措施，有些则是自下而上由行业团体倡议"倒逼"政府制定的保护措施。其中，行业协会在制定行业条例，保障行业健康、有序发展等方面具有重要作用。会展行业协会可以结合行业发展实际，通过制定行业条例进一步规范企业行为，监管会展业存在的乱象，从而提升行业整体发展水平。

广东是全国改革开放最早的地区之一，伴随着经济的高速发展，广东会展经济也随之蓬勃发展，尤其是广州、深圳的会展业发展突飞猛进。但是，目前广东会展业缺乏有效的宏观调控和行业约束机制，规范化程度及管理水平亟待提高。由于会展业缺乏一个统一的主管部门，导致办展审批渠道多，政出多门，重复办展、多家办展的现象较为普遍。

广东始终以相对开放的态度接纳各类国外投资，为会展业创造了一个相对宽松的发展环境，使更多具有实力的国际大型会展企业进入广东，带动本土会展企业专业水平的整体提升。为了加快广东会展市场的培育和会展经济的发展，面对激烈的国际竞争，广东各级政府以及广东会展行业应当尽快理顺各类关系，加快法制建设，加快基础设施建设，加快市场培育和市场化进程,通过法制规范市场,提供周到的服务;加强行业协会建设,根据广东的实际,参照国际规范,研究和出台行业运作规范,努力营造一个公平、公开、公正和有序竞争的市场环境。

(三) 资金和税收政策

资金和税收政策是直接对会展企业在资金上给予补贴或者在税收上给予减免的鼓励和优惠。其主要目的在于降低企业成本,可以促进本地会展企业的品牌建设。其中,会展资金政策被认为是最能够表明政府对城市会展业的态度和立场,也是会展企业最关注的领域,而税收政策则影响整个产业链上、下游,会展税收改革也是近几年的行业热点。以广州市为例,2010年出台的《广州市会展业发展专项资金管理试行办法》明确提出,对新创办的展会,规模比上年(届)有较大幅度增加的展会,落户广州市的全国性、国际性优质展会,专业化程度高的展会给予补助。一系列的经济政策支持广州现有展会扩大规模,提升运营的专业化程度,同时吸引外地优质展会落户广州,如中国国际汽车用品展由重庆移师广州,从而为广州培育了一批优质的品牌展会。

三、人才国际化培养

人才是会展业发展的根本动力。共建21世纪海上丝绸之路,不仅对国内会展业人才的国际化培养产生积极影响,也对会展专业人才提出了更高的要求。

广东繁荣的会展业成为本地高等院校会展专业人才进行行业实践最大的"社会学校"。各类会展专业学生通过广交会等各类专业性展会深入接触该行业,提升专业水平,对于广东会展业的长远发展起到人才支撑保障作用。不可否认的是,良好的经济基础还为广东会展教育营造了良好的产学研环境。高校举办会展活动给会展专业学生锻炼自我、进行实操提供了机会。广东地区高校开展的各类会展领域研究项目为会展的实践活动提供了理论依据和指导框架。各类会展创意、策划大赛的举办也为会展企业识别甄选优质的会展人才,向会展业培养输送新鲜血液提供了渠道。会展人才的培养直接影响着广东会展业的发展,近年来广东亦通过行业交流、项目孵化等多种方式积极探索会展人才培养模式。

例如,2016年6月19日,由泛珠三角城市会展联盟主办,广东工业大学经济与贸易学院、广州商务会展促进服务中心、广州会展经济发展研究中心、广州市会展业行业协会、广东广播电视台会展频道承办的"会展教育·人才培养合作创新大会"在广东工业大学龙洞校区举行。来自泛珠三角地区、部分中心城市近40所会展院校、20个会展行业协会、5个城市政府部门、50个优秀会展企业的领导及代表近200人出席大会,共同交流会展教育人才培养经验,共谋合作创新发展。会议就经济新常态下会展教育与人才培养合作创新与发展的新机遇、新模式、新机制进行探讨交流。会长、校长、企业高管互动交流,充分展示行业组织、会展院校、会展企业携手合作共育会展人才的前景。会议还决定"会展教育·人才培养合作创新大会"每年举办一次,倡议打造泛珠三角城市会展人才教育联盟,共同建设会展人才交流公共平台。

在共建21世纪海上丝绸之路的契机下,广东会展业应该着力培养一批专业的高素质的国际化会展人才,利用好共建21世纪海上丝绸之路带来的国际化教育资源,推动与沿线国家的人文交流。此外,还应该积极开展会展职业培训,可以采取培训班的形式,讲授会展业的相关专业知识,传授会展操作技能、经验,提高会展从业人员的业务素质,还可以采取专题讲座、研讨会的形式,为业内人士交流、共同提高业务水平提供平台。此外,可以派员工到国外知名的会展企业进行短期学习与工作,直接参与实际操作,这种学习方式可以使员工迅速掌握会展操作流程、先进的管理经验和办展的先进理念,从而提高会展从业人员的素质。

第三节 大合作，大舞台

独行快、众行远。共建"一带一路"倡议抓住发展这个最大公约数，致力于构建全方位、多层次、复合型的互联互通网络，进而推动沿线各国发展战略的对接与耦合。而广东会展业也要顺应世界及我国发展大势，在更大的舞台上寻求更广泛、更高层次的合作。

一、区域产业互动合作

在区域合作的初期，广东会展业的行业合作主要表现为以会展与区域主导产业、会展业内部各个主体之间的合作为主。此类合作具有一定的市场自发性和松散性，主要以政府主导下、各类社会组织整合行业资源，实现行业内部各类市场主体的信息交流与沟通的形式为主。

（一）合作基础

广东会展业在发展的起步阶段，主要依托广东雄厚的支柱性产业发展基础。与港澳地区形成的"前店后厂"的产业协作模式、以"广东四小虎"为代表的专业镇基础以及"两头在外"的经济贸易结构，都为广东举办各类专业展会提供了广阔的市场空间，庞大的市场规模转化为展会的客源市场，成为广东会展业持续发展的强大动力。

1. "前店后厂"的产业协作模式

在改革开放之初，广东珠三角地区的市县经济发展水平仍然偏低，经济发展主要集中在广州等港区资源较为丰富的核心城市。随后，改革开放的不断深化打破了原有的对外封闭的格局。港澳企业抓住内地新一轮发展的历史性机遇，将低增值和劳动密集型的生产工序转移至珠三角和其他地区,形成了粤港澳三地在制造业领域"前店后厂"式的跨地域产业分工体系,由此开启了粤港澳产业区域合作的进程。这种以比较优势为基础,以国际市场为导向的区域经济合作不仅推动了珠三角地区经济的高速增长和工业化进程,使珠三角地区成为"世界制造业基地",而且使香港从劳动密集型制造业中心转变成为国际金融、贸易和航运中心。港澳与珠三角地区的经济联系日益密切,成为支撑中国经济发展的重要基础。[①]

2. 翻江倒海的"广东四小虎"

由于珠三角地区乡镇企业发展起步较早、基础较好,且具有一定的规模和水平,涌现出一批骨干企业和外向型制造企业,并向系列化生产和集团化经营方向发展。其中最为突出的是东莞、中山、顺德、南海四个地区,更被誉为"广东四小虎"。它们各具特色的发展模式(见表5-3),构成了珠三角模式的精髓,对引领全国县域、市域经济的发展起到了示范作用,形成了"游击队"(民营企业)、"武工队"(乡镇集体企业)、"洋枪队"(外资企业)和"国家队"(地方国有企业)四种区域经济发展模式。

[①] 陈广汉:《港澳珠三角区域合作的回顾与展望》,载《粤港澳区域合作与发展报告(2010—2011)》2011年,第18页。

表 5-3 珠三角城镇发展典型模式

发展模式	发展类型	发展特点
顺德模式："中间突破，带动两头"	内源型发展	从以乡镇企业为主导到多种所有制共同发展：改革开放以后，顺德农村的集体经济、个体私营企业和外资经济同时发展，其中集体经济居龙头地位
南海模式："六轮齐转，各显神通"	内源型发展	由"六轮齐转"向民营经济为主导转换： ① 1984 年南海县委、县政府提出"六个轮子一齐转"作为南海的经济发展战略之一，南海的私营个体经济、外资经济以破竹之势向前发展； ② 20 世纪 90 年代：南海开始进入调整发展阶段，许多集体企业转为民营企业； ③ 2000 年以来：产权改造，私营企业占整个农村企业总数的 85% 以上
东莞模式："以下促上，遍地开花"	外源型发展	"集体企业→三来一补→三资企业"的发展之路： ① 1978 年—20 世纪 80 年代中期："三来一补"企业尚处于萌芽阶段，集体企业是该时期农村工业化的主要推动力量； ② 20 世纪 80 年代末期—20 世纪 90 年代中期："三来一补"企业高速发展时期，并出现了远近闻名的虎门服装市场、厚街家私市场、大朗毛衣市场等； ③ 20 世纪 90 年代末期以来："三来一补"企业呈现衰退趋势，让位于代表更高层次的"三资企业"
中山模式："以上带下，一镇一品"	内源型发展	以市级企业带动乡镇企业： ① 20 世纪 80 年代以前：农业重镇； ② 20 世纪 80 年代中期：各市属企业开始打开大门迎接各地人才； ③ 20 世纪 90 年代初期：对市属工业进行整合和技术改革。 区域特色产业集群： 以"一镇一品"为特色培育了"灯都古镇""霓裳沙溪""菊城小榄"等一批特色专业镇

资料来源：邝晓雯《珠三角小城镇规划发展史研究》，华南理工大学 2015 年硕士学位论文。

"武工队"顺德虽然允许多种经济成分共同繁荣,但在发展过程中乡镇集体经济却成了主力军。"游击队"南海的县、镇、管理区、村、私营、外资6个层次一起发力,民营经济得到空前发展。"国家队"中山市以十多个地方国有企业集团为龙头,带动其他经济成分共同发展。"洋枪队"东莞自1978年8月率先引进港资开办了全国第一家"三来一补"企业以来,顶住"三来一补"是不是"两头在外两头黑的沙滩经济"等争论,以"三来一补"为切入点发展外向型经济,埋头苦干,扎实推进,走出了一条以加工贸易为主要特点的现代工业之路,带来了生产力的空前大发展。

直到20世纪90年代前期,佛山、中山、东莞等地2/3以上的建制镇已建设成为专业化镇,珠三角内专业镇占全部建制镇的比例达到1/4,这一批专业化镇成为珠三角城镇化建设的重要支撑力量。

3. "两头在外"的贸易经济结构

改革开放以来,中央政府授权广东实行特殊政策和灵活措施,赋予市、县级政府更大的经济自主权。广东在推行沿海经济发展战略的过程中,由于自身资源相对短缺,原材料基础工业差,工业原料大部分依靠省外供应,广东凭借改革开放的政策优势,探索出一条原料、资金和市场在外的"两头在外"的外向型经济路子。

凭借着长期以来对外贸易的经验优势,借助当时全球产业空间重构的机遇,利用邻近港澳的地缘优势,"两头在外"的经济模式促使珠三角地区企业生产的产品由销往港澳市场逐步转向欧、美、日市场,并形成一批出口"拳头"商品。从1980—2016年珠三角、长三角、京津冀地区进出口贸易额与外贸依存度(见图5-4)对比可以看出,外来投资与对外贸易对珠三角经济发展具有重要的促进作用,20世纪80年代以来,珠三角从一个外贸经济几乎可以忽略不计的地方,发展成为外贸依存度最强的区域,远远超过京津冀与长三角地区。在这样的背景下,珠三角地区自下而上的工业化、城镇化得以蓬勃发展。

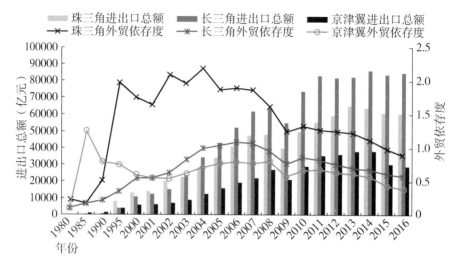

图 5-4　1980—2016 年珠三角、长三角、京津冀地区进出口贸易额与外贸依存度

数据来源：周春山、王宇渠、徐期莹、李世杰《珠三角城镇化新进程》，载《地理研究》2019 年第 1 期，第 45-63 页。

（二）合作格局

珠三角的产业集群为会展经济的发展提供了强大的支撑，因此，在广东会展业发展的起步阶段，会展行业的合作主要以地区内部会展业与当地支柱产业或优势产业的互动合作为主。通过对珠三角部分产业的发展和相应专业展会举办情况的梳理，不难发现两者间存在着紧密的依存和促进关系（见表 5-4）。

表 5-4　珠三角部分产业与会展的关系

地区	产业集群	专业展会
广州市	皮革皮具	中国（狮岭）皮革皮具节
	酒店与超市设备	广州国际酒店用品展览会、广州国际酒店设备及用品展览会
	汽车、摩托车、自行车和配件	中国（广州）国际自行车展览会、中国（广州）国际汽车展览会、中国（广州）汽车（摩托车）与配件用品进出口交易会、国际车用空调及冷藏链技术展览会、国际汽车空调技术交流会

续表 5-4

地区	产业集群	专业展会
广州市	陶瓷工业机械、瓷瓦制品	国际陶瓷工业展览会，中国（广州）陶瓷、器皿及餐厨、铁石制品出口交易会
	农业	中国国际渔业展览会、广州国际农业博览会
	医疗与保健品	全国药品保健品（广州）交易会，全国新特药、非处方药（广州）展览会，中国国际中医药原材料、提取物、中成药（广东）交易会，全国保健品原料、添加剂及制剂辅料展览会
	休闲体育用品	中国国际体育用品展览会、户外运动用品博览会
	美容与化妆品	广州国际美容化妆用品展览会
	燃烧机及设备、燃料	广州国际热能科技博览会
	家具与木工	广州国际家具博览会，国际家具产业交易会，广州国际木工机械、家具配料展览会
	机械与材料	中国（广州）国际机床展，中国（广州）国际五金加工机械展，广州国际钣金机械、锻造、冲压及设备展，广州国际不锈钢钢工业展览会，广州国际压铸、铸造及工业炉展览会，中国（广州）国际食品加工和包装机械展览会，广州国际铝材、铜材及生产加工设备展览会
	电子与自动化	中国（广州）国际自动识别技术展览会暨研讨会，广州国际消费电子、数码信息产品展览会，中国（广州）国际工业控制自动化及仪器仪表展览会，华南液压气动密封及空气压缩机国际展览会
深圳市	珠宝、钟表与眼镜	深圳国际珠宝展览会，中国钟表、珠宝、礼品展销会，中国国际金银珠宝首饰展销会
	家电、供热和空调设备	亚太国际家用电器、影视音响器材展览会
	光电技术、激光技术、光纤	中国国际光电技术博览会、中国国际光电博览会
	纺织与服装	深圳国际纺织服装面料辅料纱线展览会
	包装与印刷	华南国际印刷（深圳）展览会

续表 5-4

地区	产业集群	专业展会
深圳市	机械与材料	中国（深圳）国际机械及模具工业展览会、中国国际金属工业博览会
	模具	深圳国际机械及模具工业展览会
	其他	国际集成电路研讨会暨展览会
	综合	深圳国际特许连锁加盟展
佛山市	陶瓷	佛山国际陶瓷工业博览会
	塑料	佛山塑胶工业及包装博览会，珠三角（佛山）塑胶工业展览会，珠江西岸机床模具、压铸、塑胶工业展览会
	包装与印刷	珠三角（佛山）印刷、丝网印刷展览会
	针织	中国（佛山）面料、辅料及纱线展览会，中国（佛山）化纤产品、面料及设备进出口展览会，佛山国际纺织工业、制衣机械及面料辅料展览
	纺织	中国（佛山）国际纺织机械、针织机械展览会，中国西樵国际纺织博览会
	制鞋	佛山国际皮革工业及制鞋机械、鞋材展览会
	内衣	国际内衣博览会
	铝型材	中国（大沥）铝型材工业展览会
	木工机械	国际木工机械顺德博览会
	家具	中国（乐从）国际家具博览会、龙彩家具精品展览会、顺德家具装饰材料展览会
	家电	中国顺德国际家用电器博览会，顺德家电配件采购展览会，中国（顺德）国际电子生产、设备展览会，国际表面处理涂装电镀展，顺德家电展览会

续表 5-4

地区	产业集群	专业展会
东莞市	家具与木工	国际名家具（东莞）展览会
	服装、针织服装	虎门国际服装交易会、中国（大朗）国际毛织产品交易会、华南（东莞）国际面辅料及纱线展、中国国际纺织及制衣业博览会、东莞国际纺织制衣工业技术展、东莞国际缝制设备展览会
	电子与自动化	东莞国际电脑资讯产品博览会、华南（东莞）国际电子工业博览会暨珠江三角洲电类厂商配套采购会
	包装与印刷	华南国际纸箱（盒）包装工业（东莞）展览会，东莞印刷、包装工业展览会，中国（东莞）国际印刷工业展览会
	玩具与礼品	东莞玩具、礼品、文具及家具用品展览会
	汽车、摩托车、自行车和配件	中国东莞国际汽车展示交易会
	皮革、裘皮和鞋类	国际鞋类、皮革制品与配件展览会，国际鞋类及皮革制品生产技术及材料展览会，中国国际鞋业机械及材料展示会
中山市	灯饰	国际灯饰博览会
	五金和电子音像	中国轻工业产品博览会、中山国际音响展览会、中山电子产品展览会、中国（中山）国际电子信息产品与技术展览会、广东（中山）五金家电及配件展览会
	休闲服装、纺织与服装	中国休闲服装博览会、（中山）国际缝制设备及制衣技术展览会、（中山）纺织服装工业展览会、（中山）国际纺织机械展览会、中国中山纽扣及拉链展览会
	红木家具	中国（中山）国际红木古典家具展览会

资料来源：作者根据中国会展服务网站数据整理。

（三）合作模式

在产业互动合作阶段，主要以政府主导下的行业交流以及社会组织主导下的资源整合为主，这一阶段合作范围较小且相对松散，合作主体以会展企业为主，主要合作内容是行业信息的交流，涉及深入的、实质性的合作则相对较少。

1. 政府部门牵头主导

在发展初期，广东会展业区域合作以政府为主导，其主要目的是实现会展行业信息互通有无，加强行业的规范化发展。最早的合作形式是借助广东省贸促会这一平台，该平台切实履行广东省委、省政府赋予的职能，积极开展会展行业理论研究，为会展企业决策提供信息服务。

随着职能的逐渐完善，广东省贸促会开始自办展会活动，充分发挥会展业促进机构和商会组织的双重优势，积极和各国驻穗领事馆、行业协会进行友好往来与合作，先后成功举办了"广东—意大利经贸对接会""广东—美国经贸对接会""俄罗斯政府与广东企业家见面会"等高端活动；成功主办签约资金上千亿元的首届"21世纪海上丝绸之路国际博览会"，承办了包括各国领事在内200多人出席的"共建21世纪海上丝绸之路交流会"等大型展览会和活动；紧紧围绕会员企业的发展需求，为会员企业提供多样化、个性化的服务，引导和配合会员企业建立广东电子产品柬埔寨营销中心、广州南天资源采购有限公司酒店用品缅甸展销中心、圣地狮岭皮具城驻波兰PTAK贸易中心、龙城汽配荷兰展销中心、阿联酋迪拜汽配展销中心、广东名优产品俄罗斯营销中心等境外营销网络。经过多年发展，广东省贸促会不断拓展国内外市场，延伸服务网络，帮助会展企业抱团出海，已在美国、阿联酋、荷兰、俄罗斯、巴西、南非、柬埔寨、新西兰、澳大利亚、波兰、新加坡建立了11个境外广东商会，未来还计划在更多的国家设立广东商会。

2. 社会组织整合资源

在相关政府部门的监督和管理下，广东先后于2005年、2014年成立广东省商业联合会会展协作专业委员会（以下简称"会展协作委"）、广东会展组展企业协会。此类型社会组织的成立，进一步延伸了政府在会展业行业协作方面的职能，通过行业服务的形式促进行业内部的协作。

广东会展组展企业协会现有会员近百家，主要是全国展览公司和展会组织者、出国展览执行公司等，旗下展会数量900多个，展览面积合计1000多万平方米，其中展览面积达10万平方米的展会20多个，UFI认证展会10个，上市企业10余家，以及多家跨国企业，为企业和政府搭建了沟通交流的平台，促进了国内外会展行业交流。

而依托广东省商业联合会成立的会展协作委，其操作形式和依托的平台则突破了以往的模式，通过"整合式"的招展形式，互补办展或者联合策划组展，让会展联盟里的大小展览公司共同受益。在《会展协作委联合办展总体方案》中，会展联盟提议"选择一批已粗具规模，而且有发展前景的展会，由会展协作委物色若干互补性强的有实力的成员单位与其联合主办，并组织其他成员协助开展招商招展工作"。

这样的合作模式盘活了广东省商业联合会自有的会员优势，整合优质的"客源"和"海外专业观众"资源，将会展企业和客源市场更好地衔接在一起，通过整合、共享资源，实现做大做强广东会展业的目的。

二、跨区域产业集群合作

一方面，随着广东会展业发展逐渐趋于成熟，行业当中开始出现展会主题趋同、"搭车办展"等一系列行业乱象，同质化的会展产品不但加剧了广东会展业内部竞争，更逐渐削弱其在全国会展业中的竞争优势地位。这在客观上要求广东会展业开始探寻跨区域的产业集群合作。另一方面，粤港澳三地制造业合作的历史基础扎实，在20世纪90年代末到21世纪初，随着港澳地区经济形势变化以及广东产业结构的转型升级，粤港澳三地的产业合作从传统制造业逐渐转向现代服务业。这也为广东加强与港澳地区会展业跨区域联动合作提供了良好的契机。

(一) 合作基础

早在2003年,中央政府与香港、澳门特区政府先后签署了《关于建立更紧密经贸关系的安排》(以下简称"CEPA"),促使粤港澳区域经济合作进入了实质性发展的新阶段。而经过前一阶段的产业发展,广东已经积累了相对雄厚的产业经济基础,并处于区域发展改革的转折点,这些客观因素都促使广东会展业各主体跳出单一区域发展思路,通过跨区域产业集群的合作寻求更大的发展动力。

1. 从"前店后厂"到CEPA

1997年亚洲金融危机吹破了香港的经济泡沫,香港经济形势急转直下,香港原有的经济优势和地位明显受到挑战。香港在转移轻型制造业后,跨过重化工业阶段直接迈向金融、物流贸易等现代服务业,与珠三角在制造业方面的直接合作逐渐收窄。而珠三角由于产业转型和经济环境的转变,第三产业快速发展,直接面对国际市场的能力也不断提高,广州、深圳等城市更是在物流商贸等方面逐渐赶超香港。粤港澳三地产业发展的比较优势发生了变化,导致原来"前店后厂"的经济合作模式逐渐式微。为寻找新的利益交汇点,充分挖掘港澳的服务业优势与广东省的巨大市场,推动三地的服务业深度整合,2003年签署了CEPA,标志着港澳与内地的经贸关系进入新的历史时期,粤港澳的经济合作也跨入一个新的阶段。

CEPA的主要内容包括多项有关内地与港澳逐步实现货物贸易自由化、服务贸易自由化和贸易投资便利化的措施。2008年7月签署的CEPA补充协议五赋予了广东在对香港服务业开放中先行先试的权利,规定港澳会展公司于2009年1月1日后即可在内地设立独资公司,并可独资办展。一方面,允许港澳公司以独资形式在内地提供会展服务,此举意味着内地向港澳提前敞开了庞大的会展市场,引入其先进的经营理念和市场化的运作模式,有利于加快广东会展业与国际接轨,促使广东会展业在港澳公司的参与中迅速成长;另一方面,在竞争中港澳会展公司也将迫使内地会展企业自我净化、自我规范。从这个意义上说,CEPA的实施对广东和港澳会展业是双赢的选择①,港澳与广东的会展经济合作关系进入了一个新阶段。

2. 雄厚的经济基础

目前,广州、深圳、珠海、东莞、中山、顺德、南海等地已发展成为世界重要的制造业基地,形成了以电子及通信设备制造业、电气机械及器材制造业、化学原料及其制品业、金属制品业、交通运输设备制造业为支柱产业的强大的工业体系。相应的机械、化工、汽车、制药、环保等主题的展会也纷纷在珠三角安家落户。

珠三角已经成长为世界上最密集的城镇群,兴起了多个支柱产业突出、产业定位明确、以"一镇一品"产业集群模式为特色的专业镇,占珠三角地区所有建制镇的1/4。从事同一产业的数十、数百乃至上千家企业以及相关服务机构在同一区域集聚,资源、技术、信息相对集中,形成了从设计、生产、制造、销售到后勤服务完整的产业链,并通过珠三角将产品扩散到世界市场。

而粤港澳大湾区的建设,则使"9+2"城市群的辐射效应进一步发挥。雄厚的经济实力,完备的产业体系,并且具有较高的国际化水平和竞争力的支柱性产业,这都为广东会展业的发展提供产业的支撑和必要的服务保障。

3. 区域发展改革的新要求

国家制定出台的《珠江三角洲地区改革发展规划纲要(2008—2020年)》把珠三角的改革发展上升为国家战略,赋予了珠三角建设探索科学发展模式试验区、深化改革先行区、扩大开放的重要国际门户、世界先进制造业和现代服务业基地、全国重要的经济中心五大定位,这对广东特别是珠三角会展业的发展提出了新要求、拓展了新空间、注入了新动力。为建设成为扩大开放的重要国际门户、世界先进制造业和现代服务业基地,

---

① 刘松萍:《CEPA下粤、港、澳会展整合发展制约因素与解决措施》,载《消费导刊》2008年第19期,第61-62页。

打造国际大都会,从客观上要求广东依托会展业的产业黏性全面提升现代服务业发展水平,在广东省内部形成差异化的会展产业布局,同时进一步与港澳地区建立更加紧密的合作关系,形成优势互补的共识,为这一时期广东会展业跨区域合作提供了直接动力。

(二) 合作格局

随着共建"一带一路"倡议的深入推进,粤港澳大湾区的发展红利、技术经验和产业需求不断向内陆经济腹地加速延伸,并与更加广阔的境外市场深度对接。广东会展业将以粤港澳大湾区"集团军"的姿态参与世界会展市场的竞争,迎来发展新空间。

1. 广深港澳综合会展城市群

在产业集群的基础上,目前广东已经初步形成会展产业集群,各城市合作加强,逐渐形成以广州为核心、深圳为次核心的会展城市群体系。根据中国会展经济研究会发布的 2017 年度全国城市会展业竞争力指数排名数据显示,广州、深圳分别位列第三位和第五位,城市群会展业综合竞争力引领全国。加之港澳地区扎实的会展业发展基础,为构建广深港澳综合会展城市群打下了良好的基础。

首先,广州作为综合性会展重点城市,是国内会展产业大本营之一,拥有"广交会"这一世界级的"展览业航母",是国内对外贸易的重要窗口,将成为珠三角会展业的集聚地和辐射中心。从 2017 年粤港澳大湾区部分城市展览数量和展览面积统计可知,广州在展览数量和展览面积上对粤港澳大湾区城市群会展业带动效果明显。广州本身拥有上千年的传统贸易商埠历史,在国际市场中的吸引力不可忽视,是推动粤港澳大湾区乃至广东会展业发展的强大动力。

其次,深圳作为国内最大的经济特区,近年来会展业得到长足发展,其发展后劲超过了许多老牌会展城市,特别是在高新技术产业会展等方面的发展势头引人注目,深圳会展业的发展得益于其优势产业的带动。即将建成的全球最大的会展中心,将进一步完善深圳的会展硬件设施,使其能够举办更加高规格、大规模的展会。持续高速发展的城市经济也助推深圳向综合型的会展城市发展,活跃的市场经济将为深圳营造更加优良的办展环境。

最后,港澳地区现代服务业发展起步较早,营商环境相对优越,会展业市场化、国际化、专业化程度高。根据统计,目前被确认为UFI会员的香港会展组织机构有15家,获UFI认证的展会有26个,香港成为亚太区域内重要的会展城市。而澳门的会议产业在2017年世界排名跃升至第72位,亚太区域城市排名亦升至第17名;在展会方面,除了多个品牌展览每年均在澳门举行之外,获UFI认证的展会已达到7个。① 《粤港澳大湾区发展规划纲要》中明确提出"支持澳门培育一批具有国际影响力的会议展览品牌",澳门会展业已进入发展快车道,为广深港澳综合会展城市群的发展注入动力。

2. 佛莞珠特色产业会展城市群

20世纪90年代末至21世纪初,广东特别是珠三角地区制造业发达,区域优势产业与会展业发展互动频繁,并衍生出"一镇一展""一业一展",形成了"镇街会展"格局,培育出虎门国际服装交易会、顺德国际家电博览会、佛山国际陶瓷博览会、乐从国际家具博览会等在国内乃至国际都具有影响力的专业性展会。

随着广东的产业结构不断优化提升,以珠三角为代表的佛山、东莞、珠海等城市依托全球制造业基地的产业优势,逐步探索形成"产地办展"模式,即依托当地特色产业举办专业展会,形成会展业和制造业相互促进、融合的会展业发展模式,对于打造区域特色产业会展集群具有重要的支撑作用。一方面,产地办展使参展商和观众能够快速实现就地商贸对接,同时为就地考察工厂、往来珠三角区域内其他相关产业展会提供了可能,从而全面提高了观众的参展效率。另一方面,在2016年之前,广东

---

① 张祖荣:《以"会议为先"的澳门会展业发展现状与方向》,载《中国社会组织》2017年第14期,第32-33页。

会展业的发展主要以广州、深圳为主,但随着中以科技创新投资大会、21世纪海上丝绸之路国际传播暨中国(广东)企业走出去论坛等多个国际会议于2017年在珠海举办,中国—拉美企业家高峰会于2018年在珠海举办,加之佛山、东莞等城市雄厚的专业性展会基础,使佛莞珠三个城市在展览数量、质量等方面增长态势明显,特别是这些城市毗邻广州、深圳和港澳地区,可以有效衔接会展核心城市广阔的会展市场,联手利用区域内便利的交通优势、丰富的会展人才资源,使区域内不同功能会展城市群的展会特色更加明显,生态资源更加集聚,上、下游产业链联系更加密切,逐步形成特色产业会展城市集群。

3. 肇惠中江会展支撑城市群

肇庆、惠州、中山、江门等地会展业起步相对较晚,举办传统产业型展会的基础相对薄弱。但是,由于这几个城市旅游资源较为丰富,其中,肇庆已经成为具有一定国际影响力的以山水生态为主题的观光旅游目的地,惠州生态休闲、中山伟人故里、江门第一侨乡等旅游品牌也在不断强化,这些丰富的旅游资源及旅游品牌对其举办各类高规格的国际性会议,逐步发展会展旅游产业,具有重要的支撑作用。肇惠中江会展支撑城市群可以与广深港澳综合会展城市群、佛莞珠特色产业会展城市群形成良好的产业功能互补,通过延伸粤港澳大湾区会展业产业链条,实现产业附加值的提升。

(三)合作模式

1. 组织机制保障

早在2006年,广州会展行业协会就与香港、澳门会展行业协会签订了《穗港澳会展业合作协议》,由三方协会每年轮流举办"穗港澳会展合作论坛",开启了广东探索会展业跨区域合作的道路。2018年,粤港澳大湾区各城市又将2011年由广州、深圳、珠海、香港、澳门等11个城市共同发起成立的"珠三角城市会展联盟"正式更名为"粤港澳大湾区城市会展合作联盟"。该联盟立足于广东特别是粤港澳大湾区,有香港、澳门、广州、深圳、佛山、东莞、惠州、中山、珠海、江门、肇庆、汕头、湛江、阳江、汕尾15个城市参加，联盟成员合作关系进一步理顺。联盟充分发挥了粤港澳大湾区各个城市的会展品牌资源优势，为粤港澳大湾区会展业"拼船出海"开拓了国际市场，为提升广东会展业的国际竞争力提供了良好的组织机制保障。

广东会展业还不断拓展自身的"朋友圈"，加快跨区域产业集群化发展步伐。2015年，广东连同泛珠三角近30个城市共同组建了"泛珠三角城市会展联盟"，为广东会展业实现区域大交流、大合作构建了一个平台和窗口，将泛珠三角城市会展业引入制度化、规范化合作发展轨道。该联盟制定了相对完善的工作运行机制，包括统筹协调机制、工作运行机制、项目合作运行机制等，主要包括：①"三个互通"，即企业资质互通、人才职称互通、诚信资格互通；②"四个共享"，即资源共享、信息共享、人才共享、服务共享；③"五个共建"，即共同创建国际化、专业化会展品牌，共同创建区域会展信息平台，共同创建区域会展人才基地，共同创建城市会展业合作绿色通道，共同创建会展区域诚信市场；④"六个联合"，即联合组织交流活动、联合举办会议展览、联合开办专业人才培训、联合组织课题研究和学术交流、联合开办区域会展网站、联合开展会展资质评定和评优表彰。这标志着泛珠三角城市会展业跨区域合作进入制度化、规范化的发展轨道。

2. 搭建发声平台

广东会展业积极参与各类跨区域产业联盟发声平台的搭建，包括2017泛珠三角（贵阳）会展发展高峰论坛、粤港澳大湾区合作发展高层峰会、粤港澳大湾区城市会展合作发展研讨会、粤港澳合作发展论坛、中国（广州）会展教育大会暨第八届远华杯全国大学生会展创意大赛等一系列论坛及会议活动，促进政府、企业、行业组织、高校等不同主体参与到会展业的发展中，推动会展业的全面、可持续发展。

3. 市场品牌共建

粤港澳大湾区城市会展合作联盟除了加强组织机制保障建设外，对于会展市场品牌的构建也做出了不少尝试,包括在2018年澳门国际贸易投资展览会(MIF)期间增设"泛珠会展展区",同时设置"伙伴省"(广东省)的主题馆。此外,广东与相关区域会展联盟还积极"走出去",在更广阔的市场舞台上打造区域会展品牌。例如,泛珠会展联盟13个城市(澳门、广州、深圳、珠海、东莞、中山、顺德、江门、桂林、南昌、厦门、海口、武汉)先后于2017年、2018年开展"一带一路"沿线国家交流考察活动,前往新加坡、马来西亚、越南、泰国、柬埔寨等国家开展会展业考察活动,不断加强与"一带一路"沿线国家和地区的合作与交流。

4. 联动产业链条

随着区域会展产业合作的不断深化,广东会展业跨区域合作领域逐步进入到产业链条的各个环节,粤港澳大湾区城市会展合作联盟通过举办粤港澳大湾区酒店合作与会展创意园区合作研讨会,尝试探索建设粤港澳大湾区会展创意基地;举办粤港澳大湾区酒店合作研讨推介会,探索建设粤港澳大湾区会展旅游合作基地。此外,联盟还筹备建立粤港澳大湾区会展教育与科创合作联盟,全面推动大湾区会展人才培养、人才交流,建设高素质会展人才团队。这些探索都将进一步整合广东区域会展资源,从产业链的上游、中游、下游等不同环节深化会展产业集群化发展,对于营造广东会展行业新生态,提升广东会展业的国际竞争力具有重要的意义。

三、国际会展共同体合作

共建21世纪海上丝绸之路为广东会展业的发展创造了一个广阔的发展空间,而会展业的开放性、平台化的产业特性,也决定了广东会展业需要走向国际,参与到国际竞争与合作中。随着广东会展业国际化进程不断加快,会展业与国际共同体的发展相互促进,相得益彰。广东会展业必须认清自身国际化的基础,探索合理的会展合作模式,以实现多方合作、共同发展的新局面。

（一）合作基础

作为全球重要的制造业基地，与其他省份相比，广东在参与共建"一带一路"过程中，争当21世纪海上丝绸之路建设的排头兵，具有六大先天优势：一是源远流长的历史优势，自汉代以来广东就是中外海上贸易的枢纽；二是得天独厚的区位优势，广东是我国的南大门和重要出海口；三是内外畅达的通道优势，改革开放以来，广东已成为我国三大交通枢纽之一，也是全球海上的重要交通节点；四是先发先行的产业链分工优势，与东盟大部分国家相比，广东属于工业先发地区；五是合作密切的商贸优势；六是血脉相连的华人华侨优势，东盟有粤籍华人华侨2300万人，是粤籍华人华侨主要聚居地之一。

具体而言，广东在参与国际会展共同体建设进程中，得天独厚的地理区位、雄厚扎实的基础设施、创新先行的政策环境以及开放包容的文化底蕴等对其影响深远。

1. 得天独厚的地理区位

广东面向海外，背靠祖国内陆广大腹地，毗邻港澳。改革开放以来，廉价的劳动力和土地成本、积极的政策支持使珠三角地区成为外商投资的热土，成为中国区域经济中最具活力的重要增长极之一。

同时，广东的基础设施完善，"海陆空"立体交通及物流网络较为发达，粤港澳大湾区内有5座国际机场和6个国际港口，机场客运吞吐量和港口集装箱吞吐量位列全球四大湾区之首，是华南地区主要的物资集散地和贸易中心。密集的铁路和高速公路网络向外呈放射状分布，快速联通全国各地，已经通车的港珠澳大桥以及广深港高铁，更是大大缩短了大湾区内部各城市的通勤时间。未来，随着深中通道、深茂铁路等项目竣工开通，珠江两岸将被完全打通，广东省内人、财、物的流通能力将进一步增强。运输方式齐备、辐射力强、网络密度高、内联外通的现代化交通网络将为广东形成全方位、深层次、多领域的会展业新格局提供先天的优势。

2. 创新先行的政策环境

回首改革开放40年的发展历程,不难发现,广东会展业的发展除了受惠于优越的地理区位和坚实的经济基础之外,创新的旅游政策、较为完善的制度和柔性的管理环境也是重要保障。

2014年12月31日,国务院决定设立中国(广东)自由贸易试验区,涵盖广州南沙新区、深圳前海蛇口、珠海横琴新区三个片区,以该试验区为依托,通过建立粤港澳金融合作创新体制、提升粤港澳服务贸易自由化以及通过制度创新推动粤港澳交易规则的对接,推进粤港澳大湾区一体化的深度融合,提升粤港澳大湾区在亚太贸易乃至全球贸易中的话语权和影响力,这是新时期广东最大的改革突破口,也是广东对接"一带一路"的关键。

2015年3月28日,国家发展改革委、外交部、商务部联合发布了《推动共建丝绸之路经济带和21世纪海上丝绸之路的愿景与行动》,第一次在国家层面提出了"粤港澳深化合作,打造粤港澳大湾区"的构想。众所周知,海上丝绸之路的发源地在广东,广州始终是海上丝绸之路最重要的港口。进入21世纪,古老的海上丝绸之路焕发出新生机,广东在此布局中具有重要的地位和影响。

此后,粤港澳大湾区概念便在国家、广东省以及港澳政府的相关政策文件中不断被提及。在新的时代背景下,粤港澳三地深化合作,打造粤港澳大湾区,是落实"一带一路"倡议的历史性机遇。作为"桥梁",粤港澳大湾区一端连接着世界,另一端连接着我国南部、中部和西部的广阔腹地。提升广东特别是珠三角地区的核心带动力,带动粤东西北、泛珠三角地区的发展,优化全国区域发展格局,为粤港澳三地会展业的发展带来更大的空间与机遇。

在推进粤港澳大湾区建设的春风之下,广东会展业已由以往单一的经贸平台,转变为兼具国家战略落地和主场外交功能的平台,它犹如"源头活水",带给湾区的是资源持续流入、聚集与整合,形成区域内资源循环,进而融合全国乃至全球资源要素流动循环,充分发挥对城市发展的引领和支撑作用。① 这一系列的政策探索进一步突破了广东会展业走向世界的政策屏障，为国际会展共同体的构建创造了一个更加柔性、开放的政策环境，使广东能够以一个更加开放的姿态拥抱世界。

3. 雄厚扎实的基础设施

在建设粤港澳大湾区背景下，广东以及港澳地区在交通网络、信息平台、公共服务设施及城市的流通能力方面都有了极大的发展，为区域内的协调发展提供了保证。② 通车多年的广深高速、广珠东线、广珠西线等高速干线构成了高速公路网络纵向骨架，而南沙大桥、虎门大桥、深中通道、港珠澳大桥以及规划中的莲花山通道，则跨越珠江架起了横向动脉。深中通道等系列大通道将撑起粤港澳大湾区的"脊梁"，打通三地互联互通的"任督二脉"，有利于激活珠江西岸丰富的土地资源和旅游资源，激活大湾区的后发优势，从而为区域内会展资源的流动和会展市场的共享提供便利。此外，由于广东投资环境的进一步优化，越来越多的国际酒店品牌落户广东，无论会议、展览还是旅游业等都有一定的增长空间。

4. 开放包容的文化底蕴

背山面海，珠水贯通，这得天独厚的地理环境孕育着独特的粤文化。广东海外贸易历史悠久，海上丝绸之路既是一条商贸经济之路，更是一条文化传播的通道、一个文化融合的舞台。伴随着海上丝绸之路的兴盛，中华文化得以传播拓展，为东亚文化圈的形成奠定了基础，而其他国家和民族的文化形态，又与中华文化发生频繁的互动碰撞，增加了海上丝绸之路文化的多元性。这种源远流长的文化交流，使"一带一路"沿线各国家、各地区和各民族之间具有相对强烈的文化共识与文化认同感，形成区域独有的亲和力与凝聚力，并成为开展会展合作的重要情感基础。

而广东作为其中的一个重要窗口，经过千年海洋文化的孕育，亦造就

---

① 周春雨：《会展城市抢先布局大湾区》，载《中国贸易报》2018年3月22日第5版。
② 李晓莉：《试析珠三角城市会展业的协调发展》，载《广州大学学报（社会科学版）》2005年第2期，第87－89页。

了广东善贾重商、经世致用的经济文化,敢为人先、开拓创新的文化魄力,以及海纳百川、兼收并蓄的文化姿态。

这种开放包容的文化底蕴,使得广东往往敢为人先,始终站在我国会展业的发展前沿,引领会展业发展潮流,成为会展行业的"弄潮儿"。同时,对于各类外来文化表现出接纳融合的态度,也使广东更容易接受来自世界的各类行业信息。国际化的行业触觉,与世界的脉搏共同跳动,让广东会展业紧跟世界会展业步伐大步向前,为新时期广东会展业连接东南亚、南亚甚至是欧美市场,参与国际会展共同体合作提供了先天的"养分"。

(二)合作格局

1. 辐射内地

自20世纪80年代以来,广东一直是中国改革开放的领头羊,珠三角经济圈的发展和繁荣,最主要是广东开风气之先的产物。伴随着世界经济结构大调整和产业大转移,珠三角成为世界加工贸易和IT产业的主要生产基地,经济发展十分活跃。

随着劳动力成本的提高和制造业的产业转移,广东会展业的发展更要向内地开放,以更加包容的姿态吸引全国各地的会展人才、会展资源和巨大的会展市场。通过区域分工可以实现广东与内地之间会展要素的合理配置,从而最大限度地发挥广东与内地各自的优势。通过"内联""内转",广东可以与内地取长补短、相得益彰,为更好地参与会展业的国际分工奠定良好的基础。通过将广东的会展资源与内地的会展劳动力、会展市场相结合,扩展横向经济,将有可能生产出成本更低、更具国际竞争力的会展产品。

2. 携手港澳

粤港澳大湾区是在"一国两制"背景下的"三税区、三法律、三货币"的地区,即在一个国家、两种制度背景下,粤港澳大湾区有三个关区、三种法律、三种货币,由此形成了多产业格局。特别行政区、经济特区、自由贸易试验区、自由港等区域在这片土地上并存,以科技创新、金融服务、制造业为主导产业，这些优势使粤港澳大湾区内的城市均具备较强的对外开放属性，更加灵活和便利的体制机制创新条件，为高端要素集聚造就制度优势，是广东"出海"的最佳跳板。

目前，广东会展业对接国家"十四五"规划和"一带一路"倡议的最主要支点就是对接港澳、建设粤港澳大湾区，包括合作发展航运、跨境基础设施；依托港澳的金融服务、专业服务等优势，为会展发展提供支撑；依托港澳对接海外营商规则，使广东的会展营商环境更加市场化、专业化、国际化、法治化。

随着共建"一带一路"倡议的深入推进，香港和澳门作为我国对外开放窗口和平台的意义进一步凸显。香港作为经济高度发展、专业服务十分成熟的国际化大都市，对加强沿线国家与内地会展业的联系具有十分重要的作用。推动广东和香港、澳门会展经济的深度合作，在推进粤港澳一体化的基础上，有助于将国家的外交资源、广东的会展资源和港澳优质的会展服务资源整合起来，组建通往"一带一路"沿线国家和地区的会展"超级舰队"，加快会展业"走出去"和"引进来"的步伐。

3. 拥抱海洋

广东对接"一带一路"倡议，粤港澳大湾区只是第一步，更重要的是通过粤港澳跨区域合作的组团化发展，组建通往海洋的"超级舰队"，带领我国经济向海洋进发。

广东依海而生，因海而兴，在海洋开放方面有着得天独厚的优势。广东丰富的海洋资源和强大的港口群优势，要求广东会展业在对接"一带一路"沿线国家和地区时，要重点建设世界级港口群，推进海洋领域的合作。国家发布的《推动共建丝绸之路经济带和21世纪海上丝绸之路的愿景与行动》，多次提及广东，要求加强广州、深圳、湛江、汕头等沿海城市港口建设，强化广州国际枢纽机场功能。很明显，广东要致力于打造从中国内地通往海洋的便捷高效的海陆空综合运输大通道。尤其要优化港口布局，以广州港、深圳港为龙头，以珠海港、湛江港、汕头港、潮州港为支撑，联合香港，对接越南、马来西亚、新加坡、印度、斯里兰卡以及中东、非洲等沿线国家和地区的港口，构建互利共赢的世界级港口群联盟，建立机制化的合作伙伴关系，稳步推进与沿线国家在贸易、投资、交通设施、文化交流、旅游、海洋经济等领域的深度合作，逐步建设成为互联互通、便捷高效的海上丝绸之路网络，包括货运物流合作网络、国际金融贸易服务网络、科技创新联盟网络、人文交流社会网络，将广东会展业联通海洋真正落到实处。

海洋为广东会展业的持续发展提供了丰富的资源和广阔的空间。一方面，紧密结合广东现代海洋产业体系建设步伐，依托海洋生物医药、海洋工程装备制造、海水综合利用等新兴产业发展趋势，打造相关专业品牌展会；另一方面，依托深圳前海深港现代服务业合作区建设，探索现代服务业合作的崭新模式，用创新的合作模式建立与海上丝绸之路沿线国家和地区的互联互通交流关系和会展合作关系，形成全方位开放格局，打造海上丝绸之路背景下广东会展业的"升级版"。

4. 走向世界

随着"一带一路"建设的推进，我国乃至亚太地区会展市场格局的调整将进入新时代，我国及亚太地区将是会展业国际化规则和标准的创新探索、前瞻引领和制定落实的先行地区。

因此，走向世界将是广东会展业发展的最终归宿。这需要从广东会展业的对内"修身"和对外"连接"两个方面实现。

在对接港澳、联通海洋的基础上，广东会展业必须构建起面向全世界开放的广阔平台。在对接"一带一路"过程中，广东要始终把打造开放型经济体系作为中心任务，联合周边省份，深化港澳台会展合作，拓展与"一带一路"沿线国家的互联互通，加强与欧美等发达国家的直接会展交流合作，加快构建广东会展业对外开放新格局。在已有的广交会、高交会等平台基础上，延展海外产业园区网络，将广交会、高交会开到"一带一路"沿线国家去，开到世界各地去。

在对内的产业自我修养方面，广东会展业需要着重建立健全会展研发、生产、销售和服务体系，推进关联产业和上、下游产业链协调发展，提高会展产业综合竞争力和配套能力，形成会展上、下游产业和相关配套产业集聚发展格局。对于同类型的会展活动，进行整合提升，实现横向一体化发展。鼓励中国对外贸易中心等大型会展企业通过兼并重组等形式，打造会展业航母。

（三）合作模式

为了更好地参与到国际会展业的合作与交流中，广东会展业需要进一步联合周边区域，在产业运作模式、产业功能分工以及产业服务衔接等方面，探索和开展更加深入、实质性的合作模式，形成会展区域合作的"广东模式"。

1. "垂直运作+水平运作"差异化发展

由于会展业发展路径的差异，目前广东会展业运作模式以"垂直运作模式"为主，政府在会展行业发展中的主导地位突出，因此在全面整合地区资源，快速、高效举办大型展览方面效果十分明显，但这种行政权力介入的办展方式也在一定程度上造成了资源浪费。随着目前国内政府部门从展览活动的办展主体逐步退居至行业管理者和协调者的角色，广东乃至全国会展业亟须探索市场化运营道路，特别是提高会展企业的办展综合能力、展会管理的科学化水平、展会运营的国际化水平，而行业自律、行业管理、行业监督等综合运营环境亦有待优化。

港澳地区会展业运作模式则主要呈现"水平运作为主、垂直运作为辅"的特点，会展业以会展企业自发形成、自愿参加为特点，政府主要参与行业管理。行业协会的主要职责是配合政府宣传，提供业务培训，为会员单位制造商机，代表行业向媒体和政府表达统一意见等，这也是目前世界上较为主流的会展行业运作模式。

因此，构建有国际竞争力的会展合作共同体，需要实现"垂直运作+水平运作"相结合的模式，充分借鉴发挥港澳地区会展业国际化市场运作经验，最大限度地利用市场机制来促进和完善会展行业的管理和运营，同时继续发挥政府和行业协会在整合行业资源、会展基础设施互联互通建设、行业监管等方面的集合效应。

2. "核心带动+产业联动"功能化发展

区域会展业的协同发展具有较为明显的带动作用，以会展业实力较强的核心区域为龙头，与周边区域产业联动发展，最终实现区域会展业功能化分工发展。首先，核心区域如珠三角地区通过对口支援粤东西北相对落后地区，帮助欠发达地区发展经济，扩大增量；通过推动珠三角实现产业升级，优化产业结构，进一步提升这些地区的会展发展实力，增强会展产业竞争能力，实现经济的可持续发展。其次，核心区域举办各类大规模、高规格会展活动期间，将带动当地乃至周边区域以旅游为主的交通、住宿、餐饮、商业、金融、房地产等相关行业的发展，而会展发展实力相对较弱的地区，可以依托其优质的城市生态环境和丰富的旅游资源优势，承接"后展览"环节的各类会议培训、会展旅游等活动，从而延长区域会展业产业链，将核心区域的产业溢出效应与当地资源对接起来，从而共享核心区域发达的会展产业带来的资源和市场红利。最后，实力较为雄厚的地区通过跨区域行业交流，对会展发展实力较弱的地区给予指导和帮助，包括共享会展基础设施、会展人才资源、会展技术等，直接从资源、知识、技术、人力、知名度等方面提升相对落后地区的会展实力。

3. "服务衔接+业态延伸"链条化发展

在打造国际会展共同体过程中，广东会展业需要在更大的范围内与周边地区进行产业互动。一方面通过会展产业服务的衔接，进一步提升广东会展服务水平；另一方面通过探索会展业与其他行业的跨界延伸，优化广东会展产业结构，提升产业附加价值。

广东制造业产业基础雄厚，同时庞大的人口基数也为会展业的发展带来红利。特别是珠三角地区产业发展历史悠久，拥有丰富的内地客户资源，同时在会展设施、会展资源等方面积累了一定的发展基础，而且组展、办展经验较为丰富。而现代服务业是港澳地区的优势产业，香港具有较为完善的营销网络、雄厚的资金、高素质的人才、健全有力的组织和丰富的管理经验，澳门拥有独特的博彩业、与葡语国家的经贸平台、完善的服务设施体系，能培育出具有国际影响力和规模的会展项目。因此，在建设粤港澳大湾区的大背景下，依托相关的政策红利与优势，广东与港澳地区会展业开展深入的合作，实现会展产业服务的衔接，既有利于广东会展业学习借鉴先进的经营理念和市场化的运作模式，加快与国际接轨，促使广东会展业在港澳会展企业的参与中迅速成长，同时也为港澳会展业发展带来经济支撑和更广阔的市场需求。

【拓展阅读】

广州海关探索"保税展示交易"新业态，优化驻会监管服务

随着机构改革后新海关编制机构的落地，广州会展中心海关随之成立。广州会展中心海关的前身——广州海关驻会展中心办事处正式入驻广州政务中心琶洲分中心，这是全国首个入驻地方政务中心专职办理会展业务的海关处级机构。为了做好广州会展业服务工作，广州会展中心海关将在琶洲设立海关工作点，在人力资源和政策允许的前提下，最大限度地提供驻会监管，为企业提供现场贴身服务。还将探索在琶洲开展保税展示交易业务，全面提升会展服务水平。

2016年4月，平行进口整车保税政策在广东自贸试验区南沙片区落地实施，经过多年的探索和成长，南沙已成为全国第二大平行进口汽车口岸。为了让平行进口汽车的"红利"从南沙自贸试验区辐射至广州市乃至广东省，从2018年开始，广州海关积极研究"保税+会展"新模式，将自贸试验区政策、保税政策与会展监管政策进行三重叠加，着力帮助企业完善对接国际、国内市场贸易渠道，形成南沙"进口—仓储—展示—销售"全链条产业。

2019年，广州海关率先启动"保税+会展"新模式，在广州琶洲国际采购中心正式启用"南沙进口车保税国际会展中心",奔驰、保时捷、路虎、丰田等众多知名品牌的汽车入驻展示,成为平行进口汽车固定的展示场所。广州海关进一步加强"保税+会展"模式的推广使用,除了进口汽车,还将尝试扩大至进口红酒、进口食品和农产品等领域。

"保税展示交易"是广州积极对接自贸试验区政策优势,提升广州会展专业服务的重要尝试,它进一步拓展了会展展示空间,为当地市民乃至外地观众和参展商提供了更加丰富的参观和消费体验,对于进一步优化城市的会展功能具有重要的探索性意义。

资料来源:《"家门口"就可选购平行进口汽车!广州海关"保税+会展"支持企业做大做强相关业务》,见 e 南沙网站(http://www.gznsnews.com/index.php? m = content&c = index&a = show&catid = 21&id = 49056)。

具体而言,通过企业之间就某一具体展会进行资源置换、合作开展展会招展、招商及宣传推广等短期合作;或就现有的展览进行提升改造、合作培育新的展览品牌;或开展企业之间的并购、参股和"管理输出"、成立合资公司等形式,开展跨区域产业合作,有助于形成以粤港澳大湾区为核心带动的多层次、相互补充的会展市场结构,实现粤港澳会展产业向更高层次推进和繁荣发展。

除此以外,目前粤港澳大湾区已经拥有我国会展业排行第二和第四的广州、深圳两座会展名城,同时依托港澳地区优质的国际资源,大湾区内几乎囊括了全球所有类型的会议和展览。因此,下一阶段探索国际会展共同体的打造,需要进一步考虑"会展+"的新业态发展,包括会展与金融、数字经济、知识产权等。

以广州琶洲为例,依托广交会的溢出效应,琶洲区域逐步打造成国际性会展经济复合体。自 2015 年 6 月以来,琶洲区域陆续引进了腾讯、阿里巴巴、复星、国美、鹏润、小米、欢聚时代、唯品会等 21 家"互联网+"龙头企业,充分整合海上丝绸之路始发港的地域优势、以广交会为龙头的"国际展都"优势和互联网创新集聚区的总部集群优势,逐步形成现代服务业融合发展、外向型和创新型经济集聚发展的高质量经济增长极。这种"会展+"的产业融合发展模式将全方位整合城市各类创新驱动资源,触发企业价值的裂变,对于重新构建城市的产业生态,更好地走向国际会展业舞台具有重要的借鉴意义。

第六章

共享：可持续多赢圈层构建

国际关系当中"单打独斗"的阶段业已过去，各个国家和地区除了"独善其身"，还需要"跳出区域"，以一个更广阔的视野，在更大的舞台当中寻找"伙伴"。共建"一带一路"倡议为广东会展业提供了一个良好的发展契机，与其他国家和地区并肩同行，通过展民共享、展城共享、产业共享、展域共享，最终构建一个可持续的、多赢的国际会展合作共同体，为下一阶段广东会展业的腾飞提供支撑。

第六章 共享：可持续多赢圈层构建

第一节 展民共享

会展活动以城市会议展览设施为依托，与会展举办地的产业、经济、社会文化、政治、科学技术以及区位等因素息息相关。其中，参展商、观众在参加展会期间，还会深入城市的每一个角落，与当地居民共用城市基础设施，并发生各类社会、文化交往。因此，要充分发挥会展业对城市带来的积极作用，就需要注意会展产业发展与当地居民利益的一致性与和谐性，使会展业发展的红利能够惠及当地居民。

一、创造经济收益，就业普惠于民

会展业被认为是低成本、高收入、高赢利的行业，能为城市带来良好的经济效益，是今后城市经济发展的一个新的增长点。据统计，会展经济利润率为20%～25%，这是会展经济迅速发展的直接推动力。① 目前，广东会展业整体利润率较高，它不仅能为举办地带来场租费、搭建费、广告费、运输费等直接的经济收入，还给当地的酒店、旅游、金融、交通运输等诸多行业带来巨大的商机，从而带动人们在餐饮、住宿、购物、旅游等第三产业上的消费。对举办地居民而言，各类会展活动的举办，对于提高其收入水平、调整城市就业结构具有促进作用。

（一）提高居民收入水平

从广东省内各会展城市来看，在广州、深圳、东莞、中山、佛山、惠

---

① 陈柳钦：《会展经济与城市发展的协调互动》，载《上海市经济管理干部学院学报》2008年第3期，第33-39页。

州、珠海等会展业发展较快的城市，会展业为其带来了直接的财税收益和经济繁荣，这些城市也通过每年举办各种大型会议和展览获得可观的收益。据统计，2018年春季第123届广交会采购商到会超过20万人，同比增长5.3%，为以往5年来最高水平；同时这届广交会累计出口成交1891.97亿元人民币（折合300.8亿美元），同比增长3.1%，为以往4年来春季广交会的最高水平。2017年第19届高交会展会总面积达12万平方米，共计3049家参展商参展，全国的省、自治区、直辖市、计划单列市以及港澳台地区均组团参展，46个国家组团参展，其中"一带一路"沿线有27个国家参展，来自102个国家和地区的59.2万名观众参观了主会场和分会场。① 2018年东莞第39届名家具展共吸引了1275家优质参展商，接待观众14.25万人次，举办各类专业活动、论坛超过100场。

会展业所产生的直接和间接经济效益使得会展对经济发展的意义愈发凸显。

（二）调整城市就业结构

作为一种新兴的第三产业，会展业具有很强的行业关联性，可以为社会提供大量的就业机会。会展行业直接带动会展策划、设计、建造、服务行业，同时间接拉动辅助性行业，包括零售、酒店、餐饮、交通、货运、展位搭建和广告等行业的发展，其中带动就业岗位最多的分别是餐饮业、零售业和酒店业。② 据英联邦展览业联合会计算得知，展览面积每增加1000平方米，就可以创造100个就业机会。在我国，专家预计会展业的带动效应相对弱一些，但无论如何，对于人口密集的广东而言，会展经济的发展无疑为推动城市就业提供了一条有效的渠道。

---

① 中国国际高新技术成果交易会（高交会）——第十九届高交会，见中国国际高新技术成果交易会网站（http://www.chtf.com/liaojiegaojiaohui/lijiehuigu/chtf17_721）。

② 李敏：《广交会对广州经济的拉动系数达1∶13.6》，载《亚太经济时报》2009年10月15日第A01版。

由于会展业需要展览专业人才对会展进行策划、管理,以促进会展行业内部结构优化;还需要大量的室内装饰工人、保安人员、保洁服务人员、礼仪服务人员;另外,会展行业也带动了餐饮、酒店等服务行业的发展,这些产业同时也是吸引就业人员较多的第三产业。因此,会展业可以将大量劳动力吸引进去,提高了城市的就业率。由此可见,广东的会展产业将促进人力资源的流动与升级,最终推动行业和城市产业结构的升级。

二、改进基础设施,完善公共服务

会展活动的举办,首先对举办地各类基础设施的承载能力提出了较高的要求,如具备国际化先进水平的展馆,便捷发达的对内对外的交通运输系统,设施先进、服务优良的饭店,可供休闲与旅游的自然风光和人文景观设施,以及其他各种生活和文化设施,等等。目前,广东省内会展城市的基础设施、会展场馆建设和配套设施相对完善,共有4个面积为10万平方米以上的特大型展馆、3个面积为5万~10万平方米的大型展览馆,以及整体建成后将成为全球最大会展中心的深圳国际会展中心。此外,广东有众多的星级宾馆、旅行社、会展公司和会展相关配套服务企业,30多所高校和科研机构,便捷发达的水陆空交通运输体系,省内及周边省市如福建、广西桂林等有着丰富的旅游资源。这些不仅是广东会展业发展的优良配套,也是广东会展业繁荣境况下的合理产物。因此,广东会展业不仅为改善城市基础设施提供了动力和契机、推动城市基础设施上升到一个新的水平,也与城市的基础设施建设产生着良性的互动。

会展业作为一种城市产业,集聚性强,往往能够为举办城市带来大量的人流、物流、信息流和资金流,因此对一个城市公共服务质量和水平提出了较高要求,其发展客观上影响城市公共服务的质量、能力和层次。会展业是流量经济的媒介与载体,城市会展业越发达,其融通、汇集信息流、商品流、技术流、人才流的功能就越强,就越能提高其在公共服务方面的质量。

随着会展业与城市融合度不断加强,我们不能将会展业从城市发展中割裂开来,不能将其作为单独的产业来看待,要使会展业保持生命力,就要求广东各城市在进行会展基础设施建设时,兼顾城市内部的协调发展,兼顾会展场馆周边居民的日常工作和生活,全面提升城市的管理质量和运行效率;另外,还要提升城市公共服务能力,使其能够惠及当地居民,形成会展业和城市协调发展的双赢格局。

三、提升居民素质,塑造文明观念

会展活动的举办为塑造居民文化观念提供了良好机遇。会展是文化的传播器,其展示的文化魅力特别是为会展配套的服务文化的魅力,对市民观念的创新和素质的提高,体现城市理念和思想的创新,具有重大的推动作用。

随着会展业的日趋成熟,广东举办的展会类型也日趋多元化,除了传统的商务贸易型的展会外,还举办各类消费性和公益性展会活动。据统计,2017年广东日常消费品及居民服务类、教育和文化类、体育和娱乐类的展览数量分别为63个、12个、66个,占比分别为9.87%、1.88%、10.34%(见图6-1)。南国书香节、广府庙会、广东国际美食节等展览节事活动,具有强烈的地区文化特色,不但有利于向世界展示举办地的文化艺术形象,更重要的是能够增进举办地居民对城市文化的认同感和文化自信。

海上丝绸之路的建设还将为广东居民创造更加舒适美好的生活空间,提升广东城市综合发展潜力。其中由会展业带来的世界发展潮流,对当地居民的观念、文化和习惯带来更加深远的影响,促使市民素质不断提高。五湖四海的宾朋光临会展活动举办城市,亲身感受人与人之间的交往,市民的文明形象通过这种交往得以传播。让当地居民充分享有广东会展业发展带来的红利,使会展意识和理念深入人心,形成"人人了解会展、人

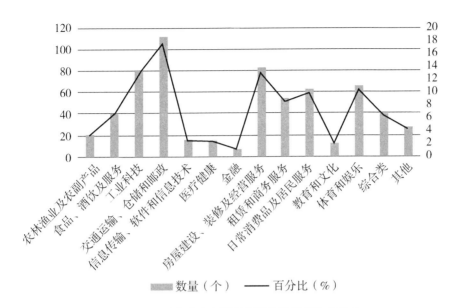

图6-1 2017年广东各题材展览的数量及比例分布

数据来源：作者根据《2017年广东省展览业发展白皮书》整理。

人支持会展、人人参与会展"的良好氛围，而这一良好氛围成为广东会展行业的"调和剂"，促使远道而来的参展商和观众能够在和谐、舒适的社会环境中感受专属于广东的独特魅力。

第二节 展城共享

"市而优则展"，会展发端于城市，在会展业发展过程中，需要借力城市发展基础；而会展对城市的发展又起到了良好的促进作用，与城市共享发展成果。因此，在共建21世纪海上丝绸之路背景下，构建广东会展业的可持续多赢圈层，就需要继续发挥会展对城市发展的反哺功能，突破展会与城市之间的发展壁垒，在多个方面实现广东会展经济与城市发展的良性互动。

一、创建城市品牌,提升城市形象

目前,广东会展业发展在全国处于相对领先水平,会展业发挥了对城市的推动作用:展会大幅度提升了广东会展业的知名度,城市经济收益不断攀升,基础设施和环境不断改善,城市对外辐射逐渐增强。例如,广州一年两届的广交会吸引了众多来自海内外的参展商和观众,深圳会展业在高交会的带领下发展势头迅猛。此外,东莞的名家具展览、珠海的航展等专业展会也陆续成为城市名片。各类大型国际会议、展览活动的举办能够迅速提升这些城市的经济实力,增强经贸合作与交流,促进城市经济、科技、文化的发展,改善城市形象,提高城市知名度,拉动城市建设,改善投资环境,推动城市经济发展与国际接轨,进而带动城市经济的协调发展,提高中心城市的国际地位。因此,国际上衡量一个城市能否跻身于国际知名城市行列的重要标志,就是看这个城市召开国际会议和举办国际展览的数量和规模。

会展业本身的发展也是一个城市的系统工程。它并非一个展会项目、一个主办机构的脱颖而出即可造就。它涉及会展核心圈层,即组展方、参展商、观众这些核心参与者;涉及会展支持系统,包括餐饮、住宿、旅游、金融、交通、物流等众多支持性行业;还涉及政策、经济、文化等城市宏观环境。

因此,要实现会展业的可持续发展,需要区域会展品牌与区域城市品牌的共享与互动。广东依托共建21世纪海上丝绸之路的契机,进一步刺激广州、深圳、珠海等城市形成更加开放透明的投资管理制度,大力提高贸易便利化水平,不断加强金融制度创新,进一步推进政府管理改革等,从而创造更加国际化、市场化、法治化且公平、统一、高效的营商环境,为广东各城市发展会展业奠定更加良好的城市基础。此外,还可以通过举办各类高规格的国际会议或展览,向世界展示广东科学技术水平、经济发展实力,展示城市的风采和形象,扩大城市影响,提高广东在国际、国内的知名度和美誉度,提升广东各城市的国际竞争力,从而提升城市的品牌价值。

【拓展阅读】

2017广州《财富》全球论坛让广州在世界"绽放"

2017年12月6—8日,2017广州《财富》全球论坛在广州举办。本届广州《财富》全球论坛期间,共举办55场会议活动,市领导"一对一""全覆盖"密集会见114家企业代表,其中58场为外事会见;参会企业388家,其中世界500强企业152家;来自36个国家1100余名中外代表参会,其中CEO级别代表超过300人……一系列"看得见"的数字,见证了本届广州《财富》全球论坛规模达到历届论坛之最。

除了举办55场会议活动外,主办方还精心策划了嘉宾配偶参观考察项目,论坛设置了5条商务考察路线,充分展示岭南文化和广州经济社会发展活力。举办的开幕晚宴、欢迎酒会、珠江夜游,让与会嘉宾惊喜连连。在这里,广州完成了一次面向世界的形象展示。广州的开放、创新与活力吸引了全球目光。

"广州给我留下最深印象的,除了高楼大厦和四季繁花,更重要的是政府对创新的重视。"日本福冈市市长高岛宗一郎认为,一座城市最重要的是政府对待创新的态度。

腾讯董事会主席兼首席执行官马化腾则将广州称为公司的福地,他说,广州自古就是中国的南大门,在每一次改革浪潮中都走在前面。微信诞生于广州,广州在发展"互联网+"方面有得天独厚的优势。

思科全球首席执行官罗卓克认为,广州国际化程度高、交通便

> 利、环境优美、政务服务效率高，发展优势明显、吸引力大。一大批跨国公司和创新企业正加速向广州集聚，思科将携手广州整合资源，构建开放式的产业生态系统，吸引更多关联配套企业落户广州，共同建设国际合作的榜样和示范。
>
> 可见，尽管会展商贸活动持续时间相对较短，但是其后续效应却能不断放大。为期3天的广州《财富》全球论坛正如一座桥梁，让世界进一步了解中国，也让举办地广州的城市特色、人文底蕴、投资环境在世界绽放，展现了广州作为一座具有引领性的国际枢纽城市的魅力，对于广州城市品牌的塑造影响深远。同时，这种影响甚至能向周边辐射，珠三角乃至广东更多的城市也将从中受益。
>
> 资料来源：黄蓉芳、张涨《财富传承 花城绽放》，见大洋网（http://news.dayoo.com/guangzhou/201712/09/139995_51983804.htm）。

二、展示城市文化，铸就文化熔炉

会展活动作为一项经济活动，始终牵动着城市的每一根神经。并且展会举办的过程往往涉及外来参展商和观众与城市居民的文化碰撞、交流，当地居民的文化特质间接影响一个展会乃至会展业是否能够在该城市"落地生根"。

（一）展示城市特色文化的舞台

通过举办各类型会展活动，举办地的文化历史、自然风光、人文魅力、城市品位等都将得到全方位、多角度的展示。

首先，会展活动的举办有助于城市文化元素的提炼。当前世界会展业竞争日趋激烈，单纯地为与会人员提供会展服务已经无法形成会展城市的核心竞争力。会展举办城市需要对自身城市文化元素进行提炼，形成富有个性的城市文化和城市气质，并与会展活动本身形成良好的品牌互动，打造城市吸引力。以广州为例，广州素以"花城、商都、岭南文化"著称，其城市文化是花城文化、商都文化和岭南文化的融合体，通过举办"两岸城市艺术节——广东城市文化周"活动、广州国际美食节、广府庙会、广东非物质文化遗产代表性传承人技艺展示和展演等一系列会展节事活动，多层次、多角度地展现岭南文化的独特魅力，对国内外来宾产生了巨大的冲击力和文化感染力。

其次，会展活动的举办有助于城市生机活力的体现。震撼人心的大型活动，别具特色的专项节目，人们热情友好的接待等，都将充分展示城市的生机和活力，并形成巨大的感召力。

最后，会展活动的举办有助于城市精神气质的彰显。世界会展业的发展实践表明，优秀的会展服务文化无疑是城市会展产业发展的助推器；反之，陈旧落后的会展服务文化不仅影响其自身的经济效益，更重要的是将直接影响展会的成功举办甚至于整个城市会展业的健康发展。再以广州为例，广州具有深厚的岭南文化底蕴——商业意识、超前性和兼容性，在此基础上加上"岭南文化"软件（如文化素质高、热情好客、文明服务）、硬件（如文化设施）的开发建设，最终形成了广州"开放、务实的岭南商都"的城市文化。

（二）炼就新城市文化的熔炉

会展还是文化的熔炉。会展是集商务活动、信息交流、观光旅游、娱乐休闲于一体的综合型服务产业，它提供了新思想、新观念相互碰撞、研讨和交流的平台。因此，会展文化并不是抽象文化，而是具体地孕育于会展举办城市的独特环境中，带有这个城市的独特气质，并与参展单位特色文化相互取长补短之后形成的一种文化。

特别是随着共建21世纪海上丝绸之路倡议的推进，越来越多的会展活动将迎来来自世界各地的宾客，这必然会带来世界各地的文化在会展举办城市的交流碰撞。展会将世界的发展趋势直观地呈现在人们面前,外来的技术、文化、思想、产品给一个发展中的城市带来诸多启示,给城市带来灵感和创新激励。通过会展业的桥梁作用,一个城市与外部世界在观念、文化、技术、理念上进行多方面、全方位的交流沟通,逐步培养起城市的全球性视野和氛围。这都将与举办城市的本根文化进行融合、发展,最终形成具有国际化个性的、新的城市文化。新城市文化的形成,既保持城市的独特个性,又使其能够更好地适应世界会展业发展的趋势与需求,更好地参与到国际竞争与合作当中。

三、改善城市治理,打造友好环境

环境是一个城市的"脸面",各类会展活动的举办为城市提高其景观质量和生态环境质量提供了契机。各类国际级大型会展节事活动的举办,往往促使城市投入大量的资金进行市政建设和环境美化。例如,广州借助亚运会实施了"青山绿地工程""蓝天碧水工程""市容美化工程"等,改善了市容市貌;深圳借助举办世界大学生运动会的契机,进一步完善了市政设施,公共交通设施日趋完善,城市面貌焕然一新。

同时,由于各类会展活动在短时间内聚集大量人员,且人员流动性远远大于举办地日常的人员流动,这对举办地城市的治安、交通、环境保护等提出了相当高的要求,也是对当地政府城市治理能力的一次重要挑战。因此,会展业的举办还将倒逼一个城市的政府重新审视自身的治理能力,提高公共服务能力和服务意识,同时加大人居环境和生态环境的整治力度,全面提升城市发展水平。

【拓展阅读】

2017广州《财富》全球论坛"检阅"广州城市管理能力

历时3天的2017广州《财富》全球论坛，举办了55场会议活动，市领导"一对一""全覆盖"密集会见114家企业代表，其中58场为外事会见，参会企业388家，来自36个国家1100余名中外代表参会……一系列"看得见"的数字让广州亮相于世界聚光灯之下。

而在华丽的数字与点赞背后，还有一组"看不见"的数字，见证了"广州会议"的专业力量：广州市层面建立论坛组委会、执委会和工作团队三级架构，执委会下设9个工作团队，由86个单位共同参与；会务与礼宾团队信息中心共处理嘉宾证件、抵离、交通等接待邮件1117封，会议期间设置运行工作岗位140余个、细化运行流程370余项；环境提升团队结合城市规划建设管理工作，分3批次推进道路环境、绿化景观、河涌水质等六大类别共306个环境提升项目建设；志愿者团队从12月4日至8日累计上岗达3350人（次）……

论坛筹备工作缜密，从提前一年在全球13个城市的路演到嘉宾接待工作方案的编制，从交通服务政策和服务路线的制定到志愿服务的标准化、精细化、精准化，论坛期间，无论是会议、演出或是其他各项活动，每一场活动流程的安排都精确到"分钟"，包括欢迎酒会入场、离场路线图、活动转场的行驶路线图，精细化运行程度令人咋舌。从保证论坛安全、和谐、有序举办的保障措施到最大限度减少对市民生活的影响的目标设置，都充分展现了城市管理者的办会水平。

虽然论坛闭幕了，但广州的新故事也拉开了序幕，无论是国际科技头脑风暴大会永久落户广州，还是城市的精细化、品质化管理

> 更上一个台阶，提升了广州市民的生活环境，让市民享受更优质的服务，论坛留给广州的既有有形财富，也有无形财富。广州《财富》全球论坛的举办，有力地证明了广州充分具备承办重大国际性活动的能力和资源，为参与全球城市治理贡献了"广州案例""广州智慧"。而通过与《财富》全球论坛方的碰撞，也进一步提升了广州举办国际化活动的能力和水平，更好地把广州打造成"国际会议之都"。
>
> 　　资料来源：申卉、张晓宜《后财富时代 广州添"财富"》，见大洋网（http://news.dayoo.com/guangzhou/201712/18/139995_51995698.htm）。

第三节　产业共享

　　会展产业作为高端生产性服务业，一直被视为"一业兴，百业旺"的神奇产业，尤其对于在转型中积极摸索的制造业和急速发展的第三产业产生了更明显的带动作用。广东会展业在发展历程中，对当地产业的发展带来了显著的推动作用，会展经济的利好，外溢到酒店、旅游等众多相关行业。脱胎于产业基础，借助产业支撑在国内甚至国际会展领域大放异彩的广东会展业在发展壮大之后，开始对产业进行"反哺"。

　　新时期，国家提出共建"一带一路"倡议，特别是粤港澳大湾区的建设，使广东会展业迎来又一次发展机遇。而广东会展业的发展必将发挥会展对相关产业的带动作用、促进产业结构的升级和优化。广东会展业与利益相关产业共同参与，多渠道、多途径地与相关产业互惠互利，必将把广东会展这块"蛋糕"做大,最终回馈各个相关产业,形成广东"会展产业圈"的独特优势。

一、加快产业升级,促进结构优化

会展业的发展推动了广东制造业的技术进步和升级,同时也推动了企业产品市场的开拓和更大规模的产业集聚,形成了会展业与贸易流通业相辅相成的良好局面。

城市会展业发展起来后,将会通过扩散效应对整个城市产业结构的优化发展起到积极作用,通过关联效应和扩散效应,带动建筑、旅游、餐饮、金融保险等其他产业的发展,使产业结构沿着第一、二、三产业优势地位顺向递进的方向演进,沿着劳动密集型产业、资本密集型产业、技术(知识)密集型产业分别占优势地位的方向演进,最终使城市的产业结构向着更加合理化和高度化的方向发展。以东莞为例,厚街家具展带动了家具商贸、研发、总部经济的发展,厚街家具通过品牌展会带动战略规划和推动自主创新,已经实现了从传统制造到品牌研发的跨越,成为东莞家具产业转型升级的强大引擎。厚街之所以成为"全球家具采购第一站",是借助于品牌展会的强大影响力和家具产业完整的产业链。国际名家具(东莞)展览会历经28届的发展,集中了海峡两岸和香港、澳门七成以上的家具品牌,吸引了海内外超过1000家参展商参展,着重突出品牌集中、展品档次高、种类齐全的特点,致力于为海内外150多个国家的10多万名买家和设计师搭建采购与交流的平台,它已成为全球家具行业设计、营销和采购的风向标。目前,家具界已达成了这样的共识:"中国家具半广东,广东家具半东莞。"① 东莞厚街"根植产业,反哺产业"的发展路径,正是会展业与支柱产业共荣共享、

---

① 孙萍:《打造广东经济转型升级版的思考——浅述会展业助推经济转型升级的若干对策》,载《经贸实践》2016年第24期,第127-128、143页。

213

互利发展的典型代表。

对于广东而言，会展业的发展推动了产业结构的优化，进一步推动了广东城市经济的发展。尤其是第三产业的发展对推动广东制造业升级换代、发展工业服务业，改善广东的经济结构，平衡区域经济发展等方面发挥了重要作用。通过会展活动的专业化运作，可以提高产业会展运行效率，更好地发挥产业会展对经济转型、产品升级和产业结构优化的促进作用，促进产业会展做大、做强。

二、引领产业发展，推动产业集聚

会展业平台作用明显，对于其所在产业的产品交易、信息交流、品牌建设等方面具有综合带动作用，特别是节能环保产业、信息产业、新能源和新材料等战略性新兴产业，更需要会展业作为平台和介质，促进产业市场供需双方的交流。

（一）促进营商贸易新模式生成

回顾广东会展业发展历程，会展经济不仅给交通、旅游、餐饮、广告、金融等第三产业带来巨大的商机，还倒逼第一、二产业不断提升自身营销能力，探索营商贸易新模式。如排名世界第一的广州国际照明展，通过"产业+展会+电商"模式，形成了"展会+行业媒体（阿拉丁照明网）+行业评奖（阿拉丁神灯奖）"的网状资源，在照明行业占据极其重要的地位。全球最大的打印耗材展——珠海打印耗材展，则形成了"展会+行业媒体+交易市场"的发展模式，通过建设世界打印耗材交易大厦，打造全年展示交易平台。湛江水产博览会通过"展会+基地+交易"模式，拓展功能，成功将湛江打造成"中国对虾之都""中国海鲜美食之都"，并跻身于世界第四大水产专业展会。在阳江刀博会的推动下，阳江五金剪刀行业的年产值从2002年的50亿元提升至2017年的550亿元，造就了阳江首个超过500亿元的产业集群。东莞智博会促进东莞市加快机器换人的步伐，近三年拉动综合投资 220 亿元。①

（二）促进传统产业集聚发展

会展业不仅是一个带动旅游、商业、物流、通信、餐饮、住宿等多方发展的产业，而且能够发展成为带动区域产业集聚的"动力引擎"，提升区域产业的品牌价值。在共建 21 世纪海上丝绸之路的进程中，会展业还将持续发挥产业"黏合剂"的作用，促进广货市场的开拓，拉动工业的持续增长，推动更大规模的产业集聚，依托如沙溪的休闲服、古镇的灯饰、太平的服装、厚街的家具、大朗的毛纺品等专业化城镇的产业基础，加快区域产业集聚，拓展城市的经济地域范围，形成工贸相互融合、互为促进的良好发展格局。

（三）促进会展集聚区形成

在产业基础支撑下，进一步打造会展集聚区（以城市大型会展中心为引擎的城市商务区、开发区、自贸区、现代服务业园区等）成为我国各大会展城市发展的重要举措。广东各个会展城市也正在积极推进会展集聚区建设，如广州琶洲会展集聚区、东莞厚街会展基地、珠海十字门中央商务区湾仔片区、顺德北滘会展片区、江门滨江新城会展商务区，以及在粤港澳大湾区背景下即将建成的深圳空港新城会展商务区。这些会展集聚区将与产业集聚区形成良好的互动，共享产业集聚区的各类基础设施和市场资源，提高会展活动的举办效率；而以产业为基础成长起来的会展集聚区，也能充分发挥就地办展的优势，对于专业会展品牌的塑造具有促进作用。

---

① 《2017 年广东省展览业发展白皮书》，中国国际贸易促进委员会广东省委员会，2018 年，第 68 页。

三、优化资源配置,延伸产业链条

传统的营销渠道是单向的、直线式的(见图6-2)。处于产业上游的企业生产产品,通过中间商销售给终端消费者,产业链中的前一个环节主要与后一个环节打交道,前一个环节为服务好后一个环节而努力,后一个环节只关注前一个环节的信息。因此,供应商只能依赖于中间商向消费者销售产品,而消费者也只能接触到相对有限的供应商,获取经过中间商筛选的产品信息。

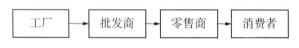

图6-2 传统的产业营销链条

图片来源:作者自行绘制。

会展的出现打破了这一单向营销链条。会展活动以组展方提供的用于资源展示的主题化展馆为平台,实现参展方资源信息与采购方市场需求的高密度聚集和全方位沟通,缩短了产品流动和生产要素重新组合配置过程,节约了产业结构转型成本。[①] 物流、信息流、资金流在组展方、参展商和观众之间传递,最终形成了由组展方、参展商和观众三位一体的"经三角"(见图6-3)。可以说,会展是下游产业集群的市场需求与上游产业集群的市场供给在空间和时间上的集聚和匹配。所以,参展商与观众之间的沟通具有很强的目的性、针对性,能在较短的时间内建立联系,而且面对面沟通能够迅速地发现和传递产品、价格、市场以及产业发展等方面的信息,减少了双方寻找潜在合作对象的时间和费用,从而能够降低交易成本。

[①] 黎菲、方坚辉:《会展业对加快经济发展方式转变的作用机理研究——基于杭州的实证分析》,载《杭州学刊》2017年第3期,第63-72页。

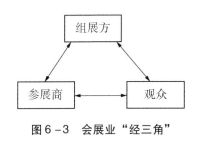

图6-3 会展业"经三角"

图片来源：作者自行绘制。

由于参加展会的各企业之间所有权清晰，参展商、观众组成的是一个松散的合作网络，在此基础上，以价值规律为指导的交易有利于优化资源配置，最稀缺的资源往往能以高价配置到最需要的市场，最终实现会展活动对产业资源配置的优化作用。

四、发挥乘数效应，带动第三产业

会展业具有产业关联多、带动性强等特点，据有关资料显示，国际上会展业的产业带动系数大约为9（许多发达国家已经达到10），即展览场馆的收入如果是1，则相关的社会收入为9。虽然我国会展业起步较晚，但国内这一系数目前也达到了6。会展业的发展可以为区域产业的进一步发展积累有形与无形的资产，成为区域产业链延伸的重要平台。

广东会展业在自身不断发展的同时，通过关联效应和扩散效应，带动相关产业特别是交通运输、旅游、金融、贸易咨询等第三产业的发展（见图6-4），从而推动城市经济结构转型和产业结构优化与升级，提升城市的高级服务功能。

目前，珠三角会展产业链（见图6-5）的优势已经初步形成，主要体现在：①以展览公司为起点、广交会为核心、会展配套服务为延伸的链式经济体系有较强的经济推动作用，通过较为成熟的会展产业链带动周边信息流、资金流、物流的发展，而且其成功模式也为周边地区如珠海、东莞、佛山等提供了可借鉴的模板；②依靠良好的产业基础，以广州会展产业链为辐射中心，带动周边地区发展，逐渐形成珠三角规模产业体系。

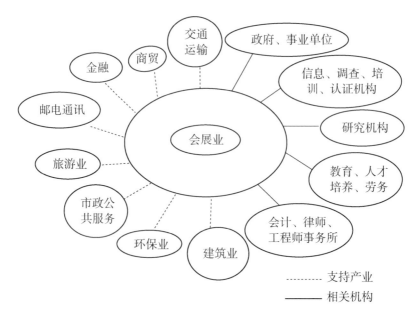

图 6-4 会展业相关产业结构示意

图片来源：作者自行绘制。

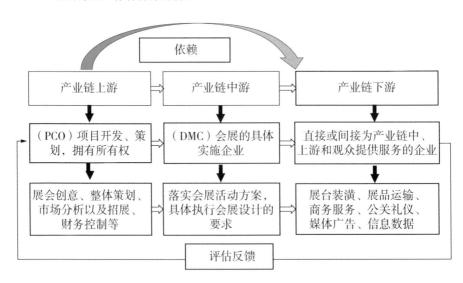

图 6-5 珠三角会展产业链流程示意①

---

① 庞华、黎沛权：《珠三角会展产业链研究》，载《上海应用技术学院学报（自然科学版）》2009 年第 1 期，第 37—42 页。

未来,广东会展业的发展还会更加广泛且深入地带动广告、环保、房地产、装潢设计、餐饮等相关行业的发展,产业乘数效应将进一步扩大。广东会展业也出现了不少会展企业与其他行业跨界融合从而促进产业发展的实例。例如,广州双威展览服务有限公司与广东滕南网络信息科技有限公司合作,充分整合了传媒业与会展业资源;广东鸿威展览集团与美国科技公司合作,为用户提供多维的沉浸式体验,有效地融合了会展与科技。以搭建服务为主的广州西码展览股份有限公司开始布局自办展会市场,目前已举办西码中国乐器展和广东燃气展。同时,展览场馆多元化服务趋势明显,如珠海会展中心,会议和活动占其业务一半以上,餐饮在收入来源中占比也较大。除了办展外,会展企业还把节庆、会务、演出、赛事等融合,建立以展览为龙头,金融、旅游、餐饮、策划、广告等行业为支撑和配套的多元化经营模式。

第四节　展域共享

会展业作为一个开放的平台,它不再是事关一个城市、若干行政区发展的局部性问题,会展业要想取得长足发展,必须转变单纯追求规模、效益的观念,必须坚持走国际化、专业化、特色化、品牌化的道路,处理好会展业与区域可持续发展的关系。在共建"一带一路"倡议引导下,会展业需要以更加开放的态度拥抱世界市场,并进一步延伸城市功能,扩大对外辐射能力。

一、延伸城市功能,扩大对外辐射

会展业是关联性、外向性极大的产业,通过乘数效应带动都市旅游、购物、信息服务等产业的发展,必然会促进都市经济中其他产业的发展,从而提升对外辐射能力与服务功能。

共建21世纪海上丝绸之路是广东参与国际分工的新机遇,会展业的文化传播是在对广东地域文化继承和弘扬基础上新的解读,构建国际会展合作共同体的本质内涵是构建一种新的全球"丝路"文化。这种"丝路"文化不仅仅是一种地域现象,更是一种超地域现象;不仅仅是一种国家现象,更是一种超国家现象;甚至,不仅仅是一种狭义的文化现象,更是一种广义的超文化现象,是新时期广东对接"一带一路"倡议的窗口。

因此,广东在发展会展业的同时,应该"跳出会展业"来思考会展业的发展方向;"跳出广东",以更大的格局思考会展业与区域发展的关系。这样才能在参与国际会展业合作与竞争过程中形成可持续的、共赢的良好格局。

二、助推开放发展,对接世界市场

广东会展产业发展起步较早,目前正处于其生命周期的发展期,加之粤港澳大湾区建设提供的良好契机,其发展的前景非常广阔。

目前,广东会展业在对外开放和对接世界市场方面已经有不少成功尝试,包括加强海外办展力度。据统计,2017年,广东在"一带一路"沿线国家举办的展会数量明显增长,达71个。[①] 在海外展览平台上,广东企业积极抢抓国际订单,参与国际产能合作。成功举办4届的广东21世纪海上丝绸之路国际博览会,进一步扩大了广东和海上丝绸之路沿线国家与地区的全方位合作,还开通了运营海上丝绸之路跨境电商平台(海丝网),为沿线国家跨境电商提供全流程服务。部分相对成熟的品牌展会,如东莞名家具展由一年两期变为一年三期,增加了"中国(广东)出口家具博览会",以服务于企业"走出去"。

---

① 《2017年广东省展览业发展白皮书》,中国国际贸易促进委员会广东省委员会,2018年。

可见,无论广东是积极地"走出去"还是"请进来",都使得广东会展业在国际舞台上的影响力和竞争力不断提升,会展行业的密切交流,也促使广东与"一带一路"沿线国家之间的贸易门槛逐步降低。相信随着更多品牌展会的塑造,通过会展传播的企业理念与城市文化将逐步扩散至全球,它起到的文化效应将不可估量。

第七章

海上新空间的集聚力支撑

集聚力是城市或区域经济发展能力、社会进步能力、功能竞争能力等各种能力凝聚交错形成的一种推动城市或区域发展的力量。会展业综合带动效应强，涉及产业范围广，通过提高广东会展业的区域集聚力，能够促进各类先进生产要素流向广东，并通过会展业撬动传统产业的"乘数效应"，通过累积效应和连锁效应，使集聚的经济效益促进周边地区发展，反过来又进一步促进集聚经济，吸引更多经济展贸活动，带来更大的集聚经济，从而形成广东会展业乃至区域整体的自我强化效应。

第一节 城市综合实力提升

广东各种要素高度密集,是经济活动、社会组织、文化活动集结的现代化区域。目前广东的产业结构已从以制造业为主转向以服务业为主,而信息产业、运输业、旅游业、酒店餐饮业等服务行业的崛起,为广东会展业的再次腾飞提供了产业支撑。

随着共建"一带一路"倡议整体格局的逐步打开,企业、政府与国际组织都在积极探寻信息发展新趋势,寻求获取先进技术和经验的优质信息平台。在此背景下,集信息交流、成果展示、先进技术传播、创新集成、交易推动等功能于一体的会展业适应了时代发展的要求。在推进会展业发展的同时,必须综合考量城市综合实力、城市口岸流通能力和城市交通运输系统三者的整体辐射力、承载力和驱动力,从而提高城市在新的发展背景下对各类要素的集聚能力。

一、拓宽城市区位辐射力

区位辐射力涵盖"区位"和"辐射"两个重要概念,是推进城市强大枢纽功能的关键力量。展会成功举办得益于区位优势,城市辐射力对于展会而言更是锦上添花。城市辐射范围的大小,直接决定了展会影响力是否具有广泛性和带动性,尤其是与产业基础密切相关的专业类展会。城市辐射力强,展会在业内的知名度就会随之提升,进而带动周边产业及上、下游产业链的发展。这种连锁效应让我们必须正视城市区位辐射力在会展业发展中的重要影响。

目前,广东已形成较为发达的城市体系,高铁时代的来临使广东城市间的互动进一步加强。推进广东不同层级城市辐射力的相互联动,提升

21个地级市之间的会展经济关联度，提升城市与城市之间、城市内部的区位辐射力，将进一步带动广州、深圳等一线城市自身会展业的升级发展，亦将有利于发挥城市交通网联通的一线城市与二、三线城市间的会展业联动发展效益。

二、提升城市综合承载力

城市综合承载力涉及城市资源、城市环境、城市生态系统、城市基础设施等，而会展活动的举办对于办展城市及其周边城市都是一次大型的城市承载力测试。短时间内，大量的参展商、观众从国内外汇聚到一个城市并且滞留，势必给整个城市的交通、酒店、餐饮、旅游、商务等配套服务体系带来巨大的压力。因此，在考量广东会展业即将进入的腾飞阶段时，必须将城市综合承载力这一要素具体拆解成不同方面的承载力，具体量化为城市的接待设施设备数量，以凸显其综合配套实力，结合科学规划、基础设施建设、城市管理水平等不断完善城市功能。只有不断完善城市功能，提高城市对各项发展要素的聚集能力，才能进一步增强城市对会展业的支撑能力。

（一）注重科学规划

城市规划是城市发展的灵魂，只有提高科学规划能力，才能实现科学发展。要进一步完善城市规划编制体系，扩大城市框架，优化城市布局，彰显城市特色，以城市规划统筹城市形态和会展产业布局，指导城市高起点、高品位建设，努力形成布局合理、特色鲜明、功能互补、相得益彰的城市发展格局。要维护规划的统一性、严肃性和权威性，坚持做到规划一张图、审批一支笔、建设一盘棋，精心做好城市片区和单体工程设计。

（二）加强基础设施建设

城市道路、桥梁、地下管网、路灯、园林绿化等城市基础设施看似平常,却承载着城市最基本的功能,与人民群众的生活息息相关,堪称城市的"生命线"。因此,要以城市建设规划为指导,按照适度超前、功能完善、配套协调、高效可靠的要求加快推进基础设施建设,提高基础设施的系统性、安全性和可靠性,提升基础设施服务保障能力和城市综合承载能力,进一步提升城市功能和品位。其中,尤其要加快交通建设。要树立"大交通"理念,坚持高起点规划、高标准建设、高水平管理,加强立体交通路网建设,突破交通瓶颈,增强交通通达能力,缓解交通压力,努力构建道路通畅、管理规范、文明有序的交通环境,使城市的交通服务功能更加完善。

(三) 提升城市管理水平

一座城市,三分靠建设,七分靠管理。城市建设是一个逐步推进的过程,但城市管理是常态化工作,必须常抓不懈、力求长效。城市建设管理水平的提升,要靠精细化、高水平的管理来实现。

特别是举办大型展会、高端论坛等大型城市活动,更是对城市的整体管理水平提出了更高的要求。因此,要做足"精"字文章,包括建立责权一致的管理体制,理顺市、区、街道、社区之间的责权关系,做到人权、事权、财权相匹配,形成规范运行的模式,避免职责不清、敷衍塞责。要做足"细"字文章,坚持属地管理原则,通过推动管理重心下移、管理权限下放、管理职责细化,做到"谁的地盘谁负责、谁的责任谁承担",把工作真正落到实处。要科学统筹,逐级落实,每一个环节、每一个层级、每一个部门,都要有人负责,实现处处有人管、事事有人抓。此外,要不断创新城市管理方式,多管齐下,在加强政府行政管理的同时,学会采用经济手段,引入市场机制。同时,借助社会力量,让人民群众积极参与到城市管理中来,使城市管理更加科学高效。

三、触发城市产业驱动力

近年来,国内会展业在经历展馆建设的高潮之后,逐渐趋于冷静,开始进入精细化经营阶段。尤其是在区位和资源上并不占优势的二线城市,如何在激烈的会展竞争中探索一条新路已经成为迫在眉睫的难题。而产业驱动力作为会展业的内在动力之一,将为广大二、三线城市会展业的发展提供一个新的思路。强大的产业驱动力,既能够为城市现有的专业展会提供升级的可能,也能够为本地会展业培育新题材、新主体提供可能。

诚然,产业驱动力的来源必须是强有力的产业基础,这并不是所有的城市都能拥有的资源,但它确实是衡量一个城市会展业发展水平的主要因素。广东作为全国最早面临产业转型升级压力的经济大省,目前面临着新旧动能还未根本转换的问题,要达到转型升级拐点仍需加倍努力。下一阶段,广东应主动适应和引领经济发展新常态,加快产业转型升级,围绕产业创新动能转换、工业提质增效、服务业层级提升、互联网新业态培育等方面不断发力,从而使产业结构调整走在全国前列。推进广东的产业驱动力与会展拉动力有机结合,形成以会展促产业、以产业谋会展的局面,将有助于广东在下一波的经济腾飞中占得先机。

第二节 口岸流通能力强化

口岸流通能力是一个城市对外连接的重要"脉搏",特别是当城市产业国际化程度越来越高时,口岸的流通能力将直接影响当地产业的提升与发展。在共建"一带一路"倡议背景下,国际合作是广东会展业第三次腾飞的关键词,因此,如何全面提升广东口岸流通能力值得深思。

一、加强通关基础设施的建设

加强通关基础设施投资建设,着力点在于提高城市口岸的接运、储存能力。面对不断增长的通关量和运力需求,需要不断加强城市口岸环境的硬件和软件建设,在口岸通道、口岸环境、流程便利化与电子化等方面不断完善,投资建设、优化城市异地候机楼、口岸大厅等基础设施,进一步提高城市的通关能力。

二、建立完善的会展通检机制

针对物流和人流的特点,设置物流通关、人流通关两套会展通检机制,对展品和参展商实施不同的服务机制及应急工作机制,为参展商、展品提供全程服务,着力打造一个完善的会展通检服务机制,实现更加高效合理、安全、顺畅的通关服务。

口岸查验单位实行一次查验、一次放行;推进口岸查验工作前推后移,实行"属地报关,口岸放行",加大直通放行力度;延长口岸通关时间,实行7天、12小时工作制,旅客开包率控制在10%。提高通关服务质量,需加强与联检单位、航空航运公司代办之间的沟通协调,以及提升机场、港口等口岸的运行效率和管理水平,保证通关机场、港口等口岸服务工作顺畅、快捷。

联检报关中心和会展中心检验检疫工作部门开辟展品报检"专用窗口",在旅检现场设置"参展商专用通道",在贵宾厅特事特办,结合各种举措实现客畅其行、物尽其流,建立便捷高效的会展通检机制。

三、建立信息化的通关系统

进一步加强信息化技术的使用,引进信息化交互系统、现代化检查系统、电子监控系统、放射性检测仪和现代化换装设备，结合"径放、集中报关、预报关、联合查验、一机双屏"等监控措施，进一步提升通关效率。在展会举办前，提升内部协作能力，由专设部门负责对内统一协调解决紧急通关问题，对外加强与组委会、代理单位的沟通，随时掌握各类展会活动期间通关信息。在展览期间，推进 24 小时值班制度的落实，增设四进四出八通道，促使通关口岸形成集通关查验、仓储运输、生活服务于一体的联检体系，以实现一次性完成报关检验和征缴稽核工作，减少物流、人流的停留时间，提升通关能力及通关效率。

四、建立系统的会展物流网络

会展活动物流网络的核心是由会展场馆和会展仓储配送中心组成的"物资—信息"综合体。从宽泛的层面讲，它是会展活动物流起点（参展企业群体）和物流终点（采购商群体）进行物资传送和信息互动的交换器，物资流从参展商向采购商呈现出单向脉状传递形态，信息流则以会展现场为集散中心，呈双向发射状传递形态。在会展物流系统的供应链中，会展仓储配送中心具有区域公共性的特质，它与不同参展商及会展场馆之间的信息是多向流通的，在会展活动开始后，它与会展现场之间信息共享，便于快速反应和精确地提货配送。

打造良好的交通运输环境，强化会展物流管理，以满足商品展览的特殊需要，将展品这种特殊的商品及时准确地从参展商所在国（地）转移到参展目的地，展览结束后再将展品从展览地运回，包括展览前后的仓储、包装、国内运输、进出口报关和清关、国际运输，展览中的装卸、搬运，以及在此过程中的信息流动。结合现代物流运输模式，整合多个物流服务商的物流能力，由方案集成商总体负责，在一定程度上实现总体的协调和配合。

第三节 交通运输体系升级

一、打造良好的交通运输环境

良好的交通运输环境是会展活动成功举办的先决条件之一。一座好的展馆，不仅应具备完善的内部设施和服务机制，更重要的是其周边环境如各种基础设施、相关配套设施、道路交通状况要良好。

二、建立可持续发展的综合运输系统

可持续发展的综合运输系统是会展活动的保障。运输业作为服务行业的组成部分，是影响会展业发展的重要因素之一。经济全球化加强了国际间的经济交流和贸易往来的依赖程度。我国与世界经济合作的加强必然带来客货流量的大幅增长，这就要求国内交通运输业必须具备与国外交通运输业相当的劳动生产率、技术装备水平、产品质量和可靠性等，以保证和满足会展中人员的流动和货物输送及调配。

（一）注重个性化、专业化的运输需求

会展业的发展既带动了区域经济的快速发展，也必然带来货运量的增长。同时，随着产业结构的调整和能源结构的改善，运输需求结构将随之变化，大宗货物比重逐步下降，而技术含量高、附加值高、时效性强的货物运量大幅度增长，这对安全、及时、快速的运输服务提出了更高要求。因此，必须加快集装化、专业化运输系统的发展，增强专业化物流企业的服务功能。

（二）强化城市内部及城际交通运输

会展业的发展带动了旅游产业的发展，也加快了城市化的进程，城市规模日益扩大，城市人口数量不断增加。同时，随着人民生活水平的提高、旅游业的发展和城市间流动人口的增加，对安全、舒适、快捷的交通运输要求越来越高。发展高速客运系统，建设大容量轨道交通，加强城市内部交通的调控和城际交通运输的建设以及两者的衔接，成为综合运输体系发展的重要内容。

（三）优先发展绿色交通运输方式

交通运输的快速发展对环境造成污染和破坏，从可持续发展角度出发，对会展业的长远发展和区域经济的发展造成了一定的负面影响。这就要求交通运输单位在对各种运输方式比较分析的基础上，从道路、环境等方面予以充分考虑、统筹安排，优先选择资源利用效率高、对环境污染小的绿色交通运输方式。

三、优化交通运输网络结构

会展业的发展必将带来人员和物资的大量流动，使客货运输需求总量持续增长。由于我国人口基数大，客运需求增长潜力也大，这就要求城市交通的基础设施和管理能力向现代化、规模化、科学化方向发展。优化交通运输网络结构是交通运输业与国际化会展业协调发展的必经之路。

（一）加快中长期运输网规划

为满足快速增长的旅客运输需求，需要进一步加快实施中长期运输网规划，建立省会城市和大、中城市之间的快速客运通道。建设纵横的网状客运专线和城际快速客运系统，提高地区经济发展的适应能力。铁路、水运和航空等多种运输方式要与运输通道有机整合，同时还要加强沿海、江、河、湖的港口建设，建立水上运输大通道和航空运输国际枢纽，从而做到人流、物流畅通。

(二) 扩大运输网规模及优化结构

促进会展业的发展，需要进一步扩大城市运输网规模，优化运输网结构。包括在都市圈和城市带内发展区域城际轨道交通，如轻轨和地铁，建成区域城际大运力快速客运系统；加强集装箱站场建设，发展多层集装箱运输通道；加快高等级公路建设，实现高速公路网络化、县市公路路面高级化和乡村公路等级化；加强大型枢纽机场、沿海枢纽港建设，最终形成由铁路、高速公路和干线公路组成的城市间旅客快速运输系统；由高速公路、城际客运轨道和城市轨道（轻轨和地铁）组成的城市群客运系统；由港口、铁路、公路、内河航运和航空组成的集装箱运输系统；由铁路、沿海港口组成的大宗物资运输系统。

(三) 多种运输方式协调发展

目前，运输市场日趋活跃，不同运输方式之间的竞争态势已经形成。政府主管部门应通过市场机制优化资源配置，促进各种运输方式公平、有序竞争，形成既有竞争又有合作、合理分工、衔接紧密的高效综合运输系统，使各种运输方式的优势得到充分发挥，相互促进、协调发展。在加强大型交通运输枢纽的建设中，要注重各种运输方式间的衔接、配合，发展集装箱多式联运和进出口大宗物资铁水联运，以提高换装、换乘效率，最终降低参展商海外办展成本，提升参展商海外参展积极性。

第八章

海上新合作的服务力支撑

广东会展业的发展离不开会展城市的公共服务体系支撑。广东会展业的第三次腾飞,不仅需要会展业自身的智慧力层次的提升,还需要城市公共服务体系在实践探索中持续地创新和提升,逐步地从被动服务向主动服务、单一服务向多元服务、无序服务向规范服务、小服务向大服务发展,从而形成强有力的服务力支撑。构建城市服务体系、推进政府服务角色转型、搭建行业信息平台,形成城市、部门、行业服务会展机制,实现会展配套服务各部门联动,加速广东会展业的创新服务之路。

第八章 海上新合作的服务力支撑

第一节 城市服务体系构建

目前,国内许多城市提出了"会展之城""国际会展中心城市"等概念,但这些都只是一个定位,如果没有一个完整的城市服务体系加以支撑,会展无法依托城市大环境,终将显得无力。

一、城市环境服务体系的衔接

城市会展集群的发展强调行业的系统性完善,因此,广东在全力发展会展经济的过程中,需要关注不同类型公共服务体系之间的衔接,积极搭建城市会展服务网络,提高参展商流动效率。在新一轮的会展行业竞争中,如何有效串联展会、场馆、城市,打通不同类型会展服务企业之间的壁垒,引导参展商和观众无障碍地穿梭于不同城市设施之间,成为会展城市发展的新命题。

实现广东会展业的第三次腾飞,需要广东在保持其扎实的经济基础的同时,不断推进公共基础设施建设与提升。以现代化的会展基础设施、良好的城市形象、丰富的旅游资源、发达的第三产业、便利的交通、便捷的信息流通、高效的政府管理水平以及相关法律法规的支持等提升广东会展业获得更优质的资源,从而为广东会展业的发展提供外部支持。

(一)完善城市基础设施

基础设施是投资社会的先行资本,它为其他产业创造投资机会。城市支持性基础设施主要包括有形的交通运输、通信和能源等,以及无形的教育、文化条件等因素。基础设施是城市会展经济发展的基础条件,也是城市会展经济发展的外部制约因素,因此,需要不断加强基础设施建设,使其成为城市会展经济发展的催化剂。

在市场营销环境、公共管理环境和研究环境等不同城市环境层次中,政府应尽可能地提供一站式服务,包括展会宣传、报关通关、口岸签证、交通运输等,强化会展智能化建设,打造国际化一流服务。推进会展场馆周边配套设施建设,引进先进经营理念和具有国际水准的完整会展服务体系,提升广东会展业的配套服务水平,从而促进城市服务体系与会展业服务支撑体系的衔接。

(二) 优化市场营商环境

从国内外的情况来看,会展业比较发达的城市一般都是一个国家或地区中经济发展水平相对较高的中心城市。会展经济与经济发展水平具有较为明显的正相关关系,经济的快速增长、经济总量的扩大必然会对会展业产生强大的需求,促进会展经济的快速发展。所以,衡量一个城市会展业的发展程度,经济环境是考量的首要因素。因此,广东应持续保持强有力的经济动力,在 GDP 总量、人均 GDP 水平、进出口总额、拥有的金融机构数量等方面保持发展优势,为广东会展业提供扎实的经济环境,以期为广东会展业的发展提供强有力的经济支撑。同时,依托粤港澳大湾区建设,以深交所和港交所为核心,将大湾区内的优质金融平台资源整合在一起,不断提升国内外金融资本对大湾区内各类产业的服务和支撑,帮助会展业便捷地走向全球,为会展业的发展提供更加有利的营商环境。

(三) 改善公共管理环境

城市会展业发展要想实现超越,公共管理环境至关重要。政府的综合管理与协调能力、会展专门管理机构的设置和管理政策、制度的建设情况、会展行业协会的公共服务能力和服务意识等方面的重视及政策引导,对于营造和谐的会展发展环境具有重要的意义。通过加速完善城市会展业相关政府部门机构的设置,加快会展优惠政策的出台,加强政府对会展业发展方向的引导,优化城市整体公共服务管理水平,为广东会展业提供良性顺畅的管理服务力支撑。

（四）提升公共服务环境

城市公共服务环境是企业引才、留才的必要条件。一方面，为更好地服务和吸引会展企业和会展高端人才，需要城市不断提升公共服务环境，包括提供优质的教育、医疗、社会保障等服务，并筹划打造国际化社区；另一方面，面向参展商，需要以区域性的城际轨道网络为核心，建构"大生活"系统，包括美食、时尚、戏剧、社交、旅游、教育、医疗、康复、养老等，实现"迎得了客""留得住客"，不断提升参展商的参展与观展体验。

（五）营造创新研究环境

研究环境是考量城市会展业自省、提升的又一要素，更是城市会展业软实力的重要体现。城市会展教育及研究机构的数量和质量、会展培训机构的数量和质量、会展行业协会的数量与质量等均是城市为会展业所提供的研究环境质量的重要指标。创新且开放的研究环境，能够为更多的会展高端研究型人才、专业会展院校落户广东创造良好的城市环境。而创新性的会展行业研究成果将为行业发展指明道路，为政府制定会展行业政策、会展企业的市场决策予以科学支撑，成为城市会展业可持续发展的重要智慧力保障。

二、城市会展服务体系的提升

城市会展服务体系的提升，主要包括强化城市会展硬件设施服务能力、进一步提升会展的软服务水平，同时以系统性的发展眼光，全面优化行业服务水平。

（一）强化会展硬件设施服务能力

对会展业来说，"硬指标"十分重要，良好的硬件设施是展会举办的基础保障。具体来说，展会硬件设施涵盖了城市内部的交通、通信、场馆等，完善的硬件设施是参展商参展体验的重要组成部分。

随着行业的发展，对硬件设施的要求不再停留于冰冷的展馆，冗乱的交通线路，更多地要在"硬设施"中追求"软元素"。广东无论是展馆面积还是展会规模均居于全国前列，但目前的展馆建设仍主要关注建设规模及展示功能的实现上，展馆内部设计以展品展示为重点，对于与参展商和观众参加展会息息相关的服务和设施，如餐饮及厕所面积相对于展馆面积配比、展馆内餐饮价格调控、公共休闲区域设置数量、展馆内标识和参观路线设置等问题的关注则略显不足。在展馆外围则存在停车位不足、地铁客流负荷过大、公交线路偏少等问题。事实上，参展商和观众对于展会的关注点已逐渐从展架上的产品延伸至展馆交通的可达性、配套设施的便捷性与合理性。随着科技的发展与信息网络的便利，与会人员还对展馆的智能化提出了需求。通过智能手机程序向参展商和观众提供道路导航指引、展馆地图导向、展馆设施介绍、展馆商务管家等服务，也是展馆服务人性化、个性化的重要体现。

在向国际一流的会展城市群进军的路上，展馆的提升是重要的一个节点。参展商"吃饭难""如厕难""到达难"不应是广东会展业的常态，需要站在参展商和观众需求的角度，进一步完善展馆内和周边配套设施。个性化、人性化的展馆设施与服务，不仅能彰显广东平易和善、绵柔灵动的文化气质，这也是一个现代化会展城市集群的应有特质。

（二）加速提升会展服务水平

随着服务质量时代的到来，广东需要在展馆管理与服务的标准化方面有所加强，展馆方需要树立服务意识，使服务更加市场化、规范化和专业化，从而提升参展商和观众的满意度。

下一阶段，不仅需要推出会展服务标准化试点项目，并选取合适的会展企业作为试点企业，更要放眼长期，逐步形成一套企业层面的会展服务标准体系，帮助参展商、采购商解决包括投诉类问题反馈等细节。通过不断提升的会展软服务，吸引一批公关公司、策划公司、翻译公司等品牌专业化服务机构，争取国内外知名会展企业在广东设立分支机构、代理机构和合作机构，为广东会展业品牌影响力的整体提升注入一剂强心针。

（三）系统性优化行业服务水平

目前，会展业处于行业规范成长期，开始探索行业标准体系的构建及规范的制定。在这一关键时期，广东的会展行业组织需要积极做好"参谋者"角色，联合酒店、餐饮、交通、物流等不同细分行业组织，针对不同业态的会展企业共同建立相应的专业标准，一方面与该行业目前的标准相适应，另一方面体现会展业的特点与要求，使其更加适应目前广东会展业发展的大环境。

在政府职能转变的大背景下，行业规范需要从管理型规范向服务型规范转型，体现会展企业权利与义务，促进会展企业业务的开展。因此，行业组织既需要充分考虑会展企业的利益诉求和行业发展现状，系统性地优化行业服务水平，使行业规范不再高高在上，而是具有较强的行业实践性和可操作性；又要做到左右逢源，与不同细分行业已有的规范相协调，最终使会展企业愿意接受并乐于遵守行业规范，促进会展行业的健康协调发展。

三、城市智慧服务体系的构建

城市智慧化建设是目前城市更新与城市建设的重要趋势，而城市智慧服务体系的构建对于会展业提升自身服务水平、优化行业运行效率具有深远影响。

（一）智慧城市综合体

采用视觉采集和识别、传感器检测装置、无线定位系统、射频识别、条码识别、视觉标签等信息技术，构建智能视觉物联网，对城市综合体的要素进行智能感知、自动数据采集，涵盖城市综合体中的商业、办公、居住、酒店、展览、餐饮、会议、文娱和交通、灯光照明、信息通信和显示等方面，将采集的数据可视化和规范化，让管理者能进行可视化城市综合体管理。

智能化技术在城市综合体管理中的运用，有助于城市管理者在各类大型展览、会议、节事活动举办期间，对城市人流、物流进行有效的空间监控与管理，积极推动城市人流、物流、信息流、资金流的协调高效流通，为会展业营造一个安全、舒适的城市外部环境。

（二）智慧贸易

一个城市若具有相对发达的电子商务业，将有利于推动商贸服务业、旅游会展业、中介服务业等现代服务业领域的智能化创新，从而创新服务方式，提高服务层次。支持企业通过自建网站或第三方电子商务平台，开展网上询价、网上采购、网上营销、网上支付等电子商务活动。结合实体市场的建立，积极推进网上电子商务平台建设，鼓励发展以电子商务平台为聚合点的行业性公共信息服务平台，培育发展电子商务企业，重点发展集产品展示、信息发布、交易、支付于一体的综合电子商务企业或行业电子商务网站。

（三）智慧物流

配合综合物流园区信息化建设，推广射频识别、多维条码、卫星定位、货物跟踪、电子商务等信息技术在物流行业中的应用，加快基于物联网的物流信息平台及第四方物流信息平台建设，整合物流资源，实现物流政务服务和物流商务服务的一体化，推动信息化、标准化、智能化的物流企业和物流产业发展。加强智慧物流与会展业相结合,一方面能够提高海外参展商的参展效率,降低参展成本;另一方面也能直接促进我国整体对外贸易运行效率,提升广东会展业的综合竞争力,为广东会展业的长远发展提供产业保障。

第二节 政府服务角色转型

会展业的市场化发展需要政府从行业的主导者向服务者转型,做好行业的顶层设计——包括行业规范的制定、部门机制的设立,以及行业鼓励政策的出台与监督实施等。这样才能更好地为市场搭建平台,为会展业营造一个完善、开放、充满活力的氛围。

一、明确政府角色定位,优化管理体制

政府在会展市场上,应该进一步明确自身定位,做到有所为,有所不为,"为"是从宏观方面把握会展业发展状况,营造良好的会展发展环境,提供国际化的发展渠道,发挥其行业管理职能,"不为"是参与、干涉展会的具体运作。

(一)理顺政府与市场的关系,推动政府简政放权

理顺政府和市场的关系,依法依规最大限度地为广东会展业的发展"松绑"。广东是我国政策创新和制度改革的试验田,长期以来具有先行先试的勇气,在会展业实践上,也可以尝试更多创新性做法激活会展业。包括完全交由会展企业、供应商等市场主体开展各类会议与展会的策划、执行与运营工作,尊重和保障会展市场活力。除涉及航空航海、动植物等有特殊审批要求的展会由省市政府作为主办单位外,其他市场化运作的展

会一律由当地政府实施备案制等。

（二）培育会展市场主体，提高企业竞争实力

积极培育会展市场主体，发挥"共建、共赢、共享"的资源整合作用，利用国有资本的资源优势，在基础设施建设、品牌培育、市场推广等方面强化市场主体作用，运用强有力的资源整合能力推进广东会展业转型升级。

一方面，鼓励和支持跨界融合，利用政策引导相应的事业单位、社团组织及其他产业组建会展公司，整合现有资源，缩短会展市场主体的形成时间。另一方面，支持会展企业通过兼并重组实现快速增长，推动市场主体的集聚，促进产业规模效应的快速生效，依托产业集聚化吸引国内外知名会展公司，进一步提升广东会展业的发展水平。

（三）发挥政府主导优势，强化会展招商工作

政府在会展业对外交流与合作过程中，能够充分整合和调配多方资源，使对外合作的效率最大化，这是市场或单个企业难以实现的。因此，在"一带一路"建设背景下，广东会展业走向国际舞台，需要发挥政府的主导优势。

首先，政府需要做好"掌舵者"角色，发挥政府在会展招商工作中的角色优势，通过引进国内外高端展会项目和会展企业，凸显政府在招商引资中的作用。以政府牵头、行业支持为基础，整合产业资源组团"走出去"，通过在国内外重点城市及重点客源市场举办宣传推介会，加强会展环境建设，重视项目营销，营造产业氛围。

其次，不断扩大国内外交流与合作，加快区域性联盟建设步伐，推动市场主体融合联动，加入国际知名会展联盟，如国际展览业协会（UFI）、国际展览与项目协会（IAEE）、国际大会和会议协会（ICCA）等，进一步发挥政府主导作用，将国内外知名机构"请进来"，进一步推进广东会展业生态环境的改善。

最后，政府可充分调动市场自发性，使政府扮演的角色逐渐从"掌舵者"角色向"守夜人"角色转变，再集中政府资源，为会展业的进一步发展进行投资，最终形成特色化的可持续发展模式。

二、完善政策实施措施，强化宏观调控

发挥财政资金在宏观导向和产业激励中的作用，通过进一步完善广东会展业专项资金政策，引导社会资本参与，以市场化运作方式投资会展企业和展会项目。按照集中财力办大事和国际化、品牌化项目优先的原则，对落户广东的国际性大型会展企业或展会项目，根据市场惯例实行落地奖励政策。对入驻会展商务集聚区的自办展会、会展公司、展览搭建公司、物流公司等上下游中小企业给予资金补助。同时，根据财政收入情况逐年调整，充分发挥政府宏观调控的作用。

三、完善市场管理制度，规范行业发展

政府作为会展业发展的"裁判员"，应当为会展业制定相对完善的市场管理制度，规范会展业发展，构建健康规范的会展业市场制度，通过加强会展业数据统计、行业资质评定制度等形式，促进会展业的可持续发展。

（一）规范会展业市场秩序

构建公平公正、充分竞争、与国际接轨的会展市场秩序。第一，建立统一有序的会展业监管体系，加强对会展活动安全生产、食品安全、现场服务的监督。第二，强化会展业知识产权保护，包括实施重点展会知识产权展前审查，展览期间重点完善展品商标侵权追溯和举报投诉受理处置机制，切实保护展会名称、商标、商誉等知识产权。第三，制定和实施会展行业标准，建立符合省情、与国家标准统一、与国际现行标准接轨、操作

性强的会展业标准体系，有序开展会展企业的服务资质评定工作。第四，依托行业协会，建立会展服务和参展商的诚信体系，建立信用档案和违法违规信息披露制度，推动会展业主管部门间监管信息的共享和公开，实现信用分级监管。

（二）加强会展业数据统计

数据统计是对过去情况的总结，当积累到一定程度后，更能够指导未来的发展。加强会展业数据统计，规范统计样本和指标体系，针对会展业发展情况进行计划性的统计分析，为上层决策提供有力依据。充分运用大数据分析与传统统计相结合的方式，做好行业数据统计及分析。针对广东会展业发展带来的经济效益的提升，核算其产生的直接和间接经济效益，通过统计分析其行业发展情况，为产业发展提供数据支撑。

2016年，商务部印发了《展览业统计监测报表制度》，旨在建立以展馆经营者、会展组织者和会展服务商为主要调查对象的会展业统计监测体系。广东可以在此基础上把会展产业纳入国民经济统计范畴，完善展会数据库、企业数据库、展馆经营数据库等，建立全省会展产业数据库。

（三）建立行业资质评定制度

良好的办展环境有利于吸引国内外会展企业和展会项目落户广东，形成可持续发展的态势。标准化建设有利于行业规模化发展，其核心在于建立行业资质评定制度，组建会展行业专家委员会，对会展活动过程中的企业、单位、机构等组织进行评定，辅助以信用体系管理，完善展会活动效益预评估系统，推动行业规范化建设与发展。

第三节 行业信息平台搭建

在创新型会展业建设中,行业信息平台作为构建的重要内容,以面向用户的资源共享和全方位信息提供为基本目标,不仅涉及统一规划的问题,也有多层次、多类型平台协调组建的问题。会展业行业信息平台的构建,需要着重加强行业贸易信息的要素共享,进一步建立会展资源整合管理机制,同时强化行业自律规范管理机制,实现行业信息资源的共建共享。

一、加强行业贸易信息要素共享

以广交会为核心,将贸易信息资源集中在一个统一平台上,将物理性的海上丝绸之路转变为信息性的海上丝绸之路,这种转变将大大拓展贸易渠道和提升贸易质量,进而推动产品制造和研发的迭代速度,提升产业的市场化敏感程度。

广东会展业可依托这一行业信息资源平台,把握好共建"一带一路"的良好机遇,做好"引进来"与"走出去"两方面的工作。一方面,配合国家"一带一路"建设,组织有条件、有实力的企业到境外办展参展。通过办展,扶持品牌会展企业积极开拓国际市场,扩大广东会展业的国际影响力;通过参展,帮助广东企业走向国际。另一方面,应该吸引更多的国际大型会展企业来粤办展,提高广东的国际化办展能力,举办更多国际性的展会项目,构筑更加广阔的国际化合作平台。

二、建立会展资源整合管理机制

资源的整合首先要针对信息源完成信息的汇聚,通过逻辑组织和导引方式完成对多样化、分布式存在的信息源的整合,包括行业数据库与专家库。地方行业数据库和专家库的建设是地方行业发展的需要,是面向会展行业的信息、商务及创新一体化的公共服务平台最基础的工作。其目标是通过联系有关信息部门、政府部门和服务机构,建立地方会展行业的专门文献资源、行业信息资源、技术信息资源以及产品信息资源等专门数据库;同时,汇集行业内的专家信息,将专家们的知识资源加以整合,构成行业专家库,提供行业咨询服务。

粤港澳大湾区作为广东会展业发展的重要区域,必须基于一个利益共同体来建设,否则就难以达到预期的目标。因此,粤港澳大湾区各城市应摒弃地方行业保护思想,率先启动会展行业资源整合管理机制的制定工作,探索建立会展行业多层次协调机制,建立高层次领导机构,统筹协调粤港澳大湾区会展业发展重大事项,各地会展业行政管理部门建立日常化的工作机制和专项工作小组,不断推进粤港澳大湾区会展业集群的联动与合作。

三、强化行业自律规范管理机制

行业组织对于行业发展所起到的作用越来越凸显。广东早在 2005 年即成立了会展业管理领导小组,负责广东会展业的组织、规划、协调,由市级主管领导及相关行业部门负责人组成。此后,又成立了会展行业协会。但由于这些行业组织成立时间短,行业权威性仍有待培育。

反观国外较为成熟的会展大国如德国和新加坡,会展行业组织的话语权和组织职能都得到充分发挥,会展企业亦积极参与到行业管理活动中去,共同推进会展行业的发展与进步。综合国际会展城市的经验,行业组织在会展评估认证、行业管理以及促进行业信息交流等方面大有可为。

（一）加强信用体系建设，规范行业行为

行业协会代表整个行业的利益诉求，是行业的"协调者"。广东会展业行业组织可以着手研究和制定一些自律性标准，利用行业协会组织建立信用档案，防止项目重复登记，有效解决多头管理、信息分散带来的重复办展、无序竞争等问题，提高监管水平和效能。

会展企业信息平台的建立是行业走向自律的重要表现。行业组织还可牵头搭建企业信息数据库，记录包括展会组展方、搭建商、场馆管理方等直接参与者的信用行为，以及会展酒店、会议场所、会展广告等支撑服务企业在内的企业资质、经营能力及成果等。信用平台与企业资质认证挂钩，一方面可以打破会展行业内部不同细分行业的信息壁垒，加强企业信用管理与行业监督；另一方面对于后期行业信息统计、行业指数的发布也起到数据支持的作用。

（二）加强与国际会展组织的联系

一方面，行业组织可以主动与国际知名的会展业组织、行业协会、会展企业等建立合作机制，筹建"一带一路"会展协会联盟，通过各类招商推介、经贸交流活动，引进国际知名品牌展会到广东合作办展，吸引国际知名会展企业在广东设立分支机构、分公司等，使更多国际会展优质资源落户广东，从而提高广东展会的质量和效益。

另一方面，还可以支持龙头会展企业与国际品牌会展企业合资、合作，形成以资本为纽带、本土与国外品牌优势互补的会展集团，共同举办展会，提升本土企业国际化经营水平。鼓励龙头会展企业到发达国家和地区参加国际性展会，加入国际会展行业组织，赢得国际会议承办机会，增强国际交往和服务能力。

(三) 做好行业培训，提供综合服务

一方面，推动高校与会展企业开展合作，建立人才培养机制与流动渠道。另一方面，为会员单位提供培训、国际交流与合作、发布行业综合信息、会员交流等综合服务，构建政企合作平台。

第九章 海上新人文的智慧力支撑

目前，国际形势瞬息万变，未来国际会展业的竞争最终将回归"人"的竞争。因此，广东会展业要想走出国门、走向世界，就需要强大的智慧力作为支撑，并加强自身对于国际新形势、新变化、新人文的适应能力。提升广东会展业的智慧力主要有三个抓手，即创新型会展人才的储备、专业化会展企业的培育、整体会展智慧系统的打造，三者将从不同层面为广东会展业的可持续发展提供智慧力支撑。

第一节 创新会展人才供求匹配机制

在中国会展业迅猛发展的大背景下,我国的会展教育专业异军突起,成为高校新设置专业中的一匹黑马,会展教育规模位居全球首位。特别是2015年3月《关于进一步促进展览业改革发展的若干意见》出台后,我国会展经济和会展教育得到了前所未有的重视,获得了长足进步。该文件指出,"鼓励职业院校、本科高校按照市场需求设置专业课程,深化教育教学改革,培养适应展览业发展需要的技能型、应用型和复合型专门人才。创新人才培养机制,鼓励中介机构、行业协会、相关院校和培训机构联合培养、培训展览专门人才。探索形成展览业从业人员分类管理机制,研究促进展览专业人才队伍建设的措施办法,鼓励展览人才发展,全面提升从业人员整体水平",为我国会展人才体系建设指明了方向。

我国开展会展教育10余年来,会展教育学历体系建设正在逐步完善。目前,形成了专科、本科、研究生完整的人才培养学历体系,支撑了我国会展产业的迅速崛起。广东会展业人才供给端与需求端涉及面广,是个复杂的系统。因此,该供给机制在运行时会受到很多因素的影响,而由政府、高校、行业、劳动力市场四个方面构成的广东会展业人才供求匹配系统,影响着广东会展业的人才供求环境,亦将进一步推进广东会展业人才供求匹配机制的协调运作。

一、政府:会展政策环境优化

任何经济或社会活动都离不开政府的有效干预,政府是广东会展业人才供求匹配机制中不可或缺的行为主体。在该匹配机制中,政府的引导作用对于广东会展业人才匹配机制的构建与创新至关重要。目前所倡导的会展人才培养机制涉及高校、社会组织、会展企业三管齐下的人才教育和培训，但各种力量之间缺乏足够的交流与合作，政府在政策方面的支持未能惠及会展人才培养。因此，在广东会展业人才供求匹配机制中，政府应切实推进各方力量形成合力，在政策条件上提供更多的引导和扶持，为广东会展业的第三次腾飞打造更加优越的环境。

（一）强化会展人才的跨区域流动

2019年印发的《粤港澳大湾区发展规划纲要》提出打造粤港澳大湾区教育和人才高地，要求推动教育合作，建设人才高地。该规划纲要的出台，将有力地推动粤港澳大湾区会展人才的跨区域流动，其中，澳门现代服务业的发展在粤港澳大湾区中走在前列，会展教育与人才积累基础扎实。粤港澳大湾区合作的紧密化，将有利于发挥澳门在会展教育培训方面的经验优势，为人才跨地区、跨行业、跨体制流动提供便利条件，从而充分激发广东会展业人才活力。

（二）引导会展人才教育良性发展

针对目前会展人才培养定位不明确、会展理论体系不完善的局面，政府应通过调整会展教育结构、加大会展教育资金投入等途径，对会展人才培养予以引导和支持，保证会展人才培养的协调、有序进行。政府的引导是会展人才培养的背景和前提，它将有利于会展人才培养的良性发展。此外，政府还可以通过制定政策和法规，对会展用人单位予以鼓励和扶持，为会展人才就业提供良好的政策环境。

（三）帮助会展人才调整就业观念

从宏观上来看，针对目前广东会展行业普遍存在的会展专业毕业生选择其他行业就业的现象，政府要带动会展业界及所有的匹配调节主体，帮助会展专业毕业生形成科学的就业观念，让他们看到广东会展业良好的发展前景，帮助他们做好职业规划，引导他们运用所学的专业知识为广东会展业的发展添砖加瓦，在会展行业找到真正属于自己的位置。

（四）落实会展人才支撑鼓励政策

政府可以通过制定和落实会展优秀人才在入户、住房和子女入学等方面的便利与支持政策，引入具有国际水准的会展策划、管理、营销、服务等方面的高端人才。深化人才培养和培训体系，形成不同层次的多元化会展人才培养结构。建立政府、企业、学校会展人才联合培养机制，政府提供政策与资金、企业提供实训基地和实训导师、高校完善人才培养方案。健全会展专业人才执业资格制度，开展"注册会展经理""全国会展策划师""会展设计师"等资质的认证、培训以及推广工作。

二、高校：人才培养机制创新

我国会展专业学历教育始于2002年，浙江经贸职业技术学院招收的两个班（会展与广告专业）的新生成为全国第一代"科班出身的会展人"。2004年，上海师范大学和上海外贸学院首次招收会展经济与管理专业本科新生。当年，全国27所高校设有会展专业，30所高校在相关专业开设会展方向。2011年，开设会展专业的高等院校猛增至187所，招收会展专业（不设方向）新生人数首次超过1万人。2014年，全国会展专业本科、专科应届毕业生人数首次超过1万人，2017年达到创纪录的1.39万人。

（一）完善会展理论体系

由于我国会展教育起步略晚于行业实践，会展专业师资的短缺成为专业教育发展的瓶颈。目前，国内会展教育进入门槛较低，缺乏具有行业实践经验的导师，因此未能形成具有实践性、可操作性的专业系统教育培养机制。

会展专业理论体系的进一步完善,有助于解决影响会展业发展的重大综合性社会问题,为政府部门对会展产业相关政策法规的制定提供理论支撑,为会展业内人士从事会展经营管理工作指明科学方向,为展会参与主体的科学决策、实现更高的参展价值提供知识储备。

(二) 明确人才培养定位

对于高校而言,需要进一步明确人才培养定位,拓展会展教育的内涵。在学校专业教育定位上,确立对不同层次的核心型人才、辅助型人才、支持型人才等的培养定位,并与专业课程设置、教学体系建设、学生职业规划等充分挂钩。在专业设置上,需要在原来课程设置的基础上,进一步开发独立的会展专业教学内容,使培养的人才更加专业、更符合行业发展需要。

其中,研究型大学可以侧重于会展理论教育,主要面向已拥有丰富从业经验的会展高级经理;本科和高职院校则应侧重于实践教学,主要为会展业培养中层管理者和一线操作人员;旅游专业实力雄厚的院校可以侧重于会议或节事管理;艺术设计专业有优势的院校则可以重点培养展示设计及管理人才等。

(三) 打破"学院派"与实践的边界

目前,高等教育中与会展相关的专业主要包括会展策划与管理、广告与会展等。一方面,在行业实践中,会展业从业人员教育水平普遍为高职水平,尽管其拥有丰富的行业实践经验,但团队的战略性研究能力和理论水平较低,这也是目前会展企业在展会题材选定以及市场决策方面常常缺乏合理性和科学性的重要原因。另一方面,部分高等院校近年来纷纷开设会展相关专业,对于我国会展业学术研究具有一定的促进作用,但对行业实践的适应性不强。因此,推进广东会展业的第三次腾飞,亟须打破"学院派"与实践的边界,寻求理论高度与实践高度的平衡点,促进会展教育产学研的高度融合,推进其朝着教学模块化、培训项目化的方向迈进。

1. 推进定制化的产学研合作

定制化培养，采取的是与组展方合作的人才培养模式，即学生大多来自会展企业，经过学习和培训后再回到原企业工作。可通过以下不同方式实现：①企业为会展管理专业的学生提供实习或就业机会；②学校派专业教师到企业兼职，以不断提高教师的实际操作能力，并为教学和科研积累更多的经验及素材；③学校提供场地并组织教学活动，协助企业开展员工培训，条件成熟时还可以合作开发面向社会的培训项目；④采取合作研究或横向课题的形式，组织高校教师和企业人员对会展业发展或企业经营管理中的特定问题进行专门研究。

教师在教学过程中应更加注重从企业和学生中吸收经典案例和操作经验，收集业界的最新动态，经过提炼后反馈给学生，在这种教、学有机互动的环境下，教师和学生都有更明确的目标。定制化的招生和培养模式有助于为会展教育创造条件，从而形成会展教育持续发展和广东会展业智慧力持续更新的动力。

2. 推进模块化的会展教学模式

随着会展业的迅速发展，会展教育的内涵也在不断扩展，目前已涵盖会议管理、展台搭建、大型节事活动策划等领域。因此，在创新会展人才供求匹配机制中，基于实践基础，有针对性地在课程上设置具有针对性的模块，如工商管理、展览管理、会议管理、大型活动管理以及展示设计与搭建等，通过每一模块的课程教育和实习项目，学生每学完一个模块再经过相应的实习，会展人才可锻炼和积累在不同模块上的工作能力。

3. 推进项目化的会展专业培训

会展专业的教学应更加重视校外实训环节，建立会展教育多层次实践体系，强化校企合作实训机制，使会展专业的学生能够更加深入、充分地了解展会筹备全过程。长时间、深层次的校外实训，能够帮助会展专业的学生更好地了解行业实际需求，锻炼行业实际所需的专业能力，为今后从事会展行业工作打下基础。

三、行业：会展社会培训补位

我国会展教育的市场运作程度并不高，会展行业内又没有有效的培训手段，因此，目前我国会展业从业人员无论从数量上还是素质上都难以满足市场的需要。下一阶段，需要从行业层面实现会展业社会培训的补位，由社会性培训机构和行业协会共同提供职业技能认证培训和对企业员工的短期职业培训。通过对有志进入会展行业的非会展专业人才进行短期高效的培训，使他们快速进入会展行业，从而为会展行业提供不同层次的人才，缓解目前会展行业人才短缺的现状。

（一）提高培训认证的权威性

目前，广东会展职业培训项目主要分为四种类型：第一种是由政府相关部门组织开发，由培训机构开展具体培训工作的会展职业认证项目；第二种是由行业协会、商会组织开发，具体培训工作由其他培训机构完成；第三种是由其他社会认证机构开发的会展职业认证项目，具体培训工作由培训机构负责；第四种是由其他社会机构举办的各种培训班及行业研讨会（见表9-1）。

第九章 海上新人文的智慧力支撑

表9－1 广东会展职业培训项目类型

类型	认证项目	发证机构	培训机构	培训主要内容
政府开发，机构执行	注册会展经理（简称CEM）培训	IAEE和中国贸促会	国际展会项目协会（IAEE）	注册会展经理培训是国际会展专业培训项目之一，由IAEE于1975年创立。CEM CHINA师资由IAEE选派有多年会展培训经验的美国专家、来自中国会展行业的资深管理人员，以及国内外著名大学教授共同组成。通过全面、系统的培训体系以及与国际会展管理人士的交流互动，全面提升中国会展从业人员的专业水平。CEM培训证书由IAEE和中国贸促会联合颁发
	会展策划师（三、四级）	国家人力资源和社会保障部	广州市就业训练中心	展会立项策划、实施方案策划、招展策划与展位营销、会展信息管理、展览设计与艺术、展会宣传推广、展会服务与现场管理、会展主题策划、展会客户关系管理计划、会展时间管理方案、会展品牌形象策划等
	会展设计师	国家人力资源和社会保障部	广州学尔森教育培训中心	会展设计概论、会展设计的基本法则、人体工程学与会展设计、会展视觉识别系统设计、会展场馆的设计、会展版面设计、会展展位设计、会展照明设计等

续表9-1

类型	认证项目	发证机构	培训机构	培训主要内容
政府开发，机构执行	会展管理师	中国人才研究会和部分地区人事人才部门	广州联欧职业培训中心	会展基础知识、会展英语、会展业管理、会展策划与组织、会展设计与布置、企业参展选择与展览计划、展品运输、会展信息化管理、展台工作与后续工作、会展项目管理及风险防范、会展法律法规与惯例
行业组织开发，机构执行	广州会展业职业经理人	中国商业联合会	广州市知了企业管理有限公司	会展经济分析、会展信息管理、会展营销管理、会展项目管理、会议组织与策划、会展案例分享、会展评估、商务旅游管理
行业组织开发，机构执行	全国会展商务师	中国商业技师协会	广州天鼎营销文化有限公司	《会展商务管理基础知识与实务》及相关法律、法规，高级会展商务师需要提交《工作活动记录分析表》和《会展业务活动职能提要》
行业组织开发，机构执行	商业展示设计师	国际商业美术设计师协会	广州市连邦设计职业培训学校	理论课程：商业展示设计概述、商业橱窗设计、会展展示设计、展示的照明与色彩、展示施工材料讲解、展示设计案例实战；软件课程：Photoshop效果图处理、CorelDraw美工制作、AutoCAD绘制展示施工图等

续表 9-1

类型	认证项目	发证机构	培训机构	培训主要内容
社会认证机构开发，机构执行	广州助理会展经营策划师	中国国际商务专业资格鉴定认证中心	广州展翔教育培训中心	会展定义、会展发展历史、会展市场信息收集与分析、会展市场调查、会展项目方案策划、招展招商策划、会展销售、会展现场服务、会展项目管理课程
其他社会机构举办	展览会、交易会及会议管理	上海交通大学管理学院	上海交通大学管理学院	学习国外展览服务模式和会议管理的专业知识，提升管理服务，建立品牌经济，推陈出新，掌握具有本土特色的会议管理模式和技巧，配合真实案例，使学员在互动体验式教学中收获良多，成为优秀的会展精英人才

资料来源：作者根据网上信息整理。

由于我国会展教育课程体系整体尚未成熟，各类培训认证亦未规范，培训课程内容同质化现象严重，培训认证区域性明显，缺乏权威性。因此，会展教育培训行业需要进一步突破地域界限，建立全国统一的、教学体系完整的专业培训认证系统，建立职业认证制度、培育民间社团。推进相关政府主管部门的权属划分、强化行业协会监管职能以及加快会展培训行业法律法规的制定，都能够使各类影响会展培训行业健康发展的不良因素在发展的初级阶段得到有效的控制。

（二）专业会展人才分层培养

会展工作不但需要高端人才——做好会展项目的开发、策划、营销、管理、交流与服务等工作，还需要更多的基础支撑人才——跟进文印、电话、传真、接待、注册、协调、服务等工作，以实现会展活动系统化的运作。在专业会展人才培养方面，应对人才进行分层培养设置。

目前，会展培训教育在目标定位上仍属于"一刀切"的状态，缺乏对培训对象层次、培训目的的有效划分。只有建立科学合理的多层次培训体系，针对不同程度的培训对象提供相应的课程内容，才能够做到"因材施教"，提高培训的质量。

（三）职业综合能力全面培训

会展专业培训的内容设置仍然游离于企业实践项目的经营与管理之外，培训效果经不起行业的检验，培训实效受到企业质疑。有效的专业培训应源于行业实践中的具体问题，以帮助专业人才解决实际问题为主要目的。就广东而言，培训内容应当适应广东会展业人才职业发展所需要的可持续性的职业素质和能力，包括专业能力、方法能力、社会能力等方面，使会展从业者能够更好地满足其岗位需求。

1. 专业能力

在会展业中，专业能力主要体现在从业人员必须具备信息意识、责任心和敬业精神、专业知识等基本素质。基本素质的高低，决定了会展从业人员能否顺利走上工作岗位。

首先，会展从业人员要完成好展会组织工作，必须具备敏锐的信息意识。唯有如此才能在展会的组织过程中擅于发现信息、运用信息、处理信息，真正使展会成为参展商的信息发布平台和观众的信息收集平台。新兴展会往往涉及多个不同领域，这对会展从业人员的信息收集和处理能力提出了更高的要求，会展从业人员要做到对展会的信息时刻关注、随时把握，并能够及时整合、灵活运用。

其次，责任心与敬业精神是会展从业者必须具备的基本素质之一。一个展会的成功举办，离不开会展从业人员高度的责任心和敬业精神，只有这样才能为参展商提供更为优质的信息发布服务，为观众做好咨询服务，特别是展会期间各种工作交织，倘若会展从业人员没有责任心和敬业精神，展会举办过程中必然困难重重，甚至无法顺利完成。

最后，具备经济、管理、信息、市场营销、旅游、运输、环境、传播、人文及公共关系等领域的专业知识是会展从业人员必须具备的素质。在策划展会过程中，需要会展从业人员运用经济、人文方面的知识明确主题，依靠传播、信息收集方面的知识整理信息数据，运用运输、环境等方面的知识形成展会的可行性报告，运用市场营销方面的知识撰写招展资料，起草各种报告、执行计划、宣传推广资料、讲话稿、总结，以及处理大量来往函电。撰写这些材料要准确表达意思，做到内容清晰、主题明确、条理性强，需要会展从业人员知识储备扎实。所以，具备相关领域的专业知识基础是会展从业人员的必备素质。

2. 方法能力

要举办好展会，需要会展从业人员具有独特的策划能力、开放的思维方式和勇于创新的精神。广东作为改革开放的前沿阵地，是创新制度、创新模式的重要"试验田"，因此，广东会展业体现出比其他地区更多的新现象、新实践，这就要求广东会展从业人员拥有独特的策划能力、开放的思维方式和创新的精神。只有这样才能使展会体现出鲜明的主题和突出的行业特色，使参展商满意、观众获得商机，满足会展业快速发展的需要。会展营销人才还应该注重培养与时俱进的营销观念。营销人才应该走在行业发展的最前沿，结合展会的特点采取多样的营销方法，并具备全面的、广阔的知识背景。会展展品涉及行业的多样性决定了会展营销人才必须了解更多的产品知识才能为客户提供优质的服务，这就要求会展营销人才具有较强的学习能力，不断学习新的产品知识和其他知识以提升职业发展能力。

同时，为完成展会组织工作，会展从业人员的管理能力和组织能力必须过硬，只有这样才能有效地完成展会组织任务，规范展会参与方的行为。特别是大型综合性展会，会展从业人员不仅要面对众多的参展商，而且要解答观众提出的各种问题，如果缺乏组织能力和管理能力，就难以完成工作任务。

3. 社会能力

随着参展企业对展会的服务要求越来越高，并呈现多元化趋势，组展方不仅要做好展位和信息服务,更重要的是要为参展企业提供全方位的服务,这就需要多个部门的密切合作与配合,需要有一个协同作战的团队为会展活动提供服务。只有充分调动大家的智慧和积极性,才能真正地把展会办出水平。沟通协调、掌控全局的能力是会展从业人员必备的专业素质。离开了沟通协调,展会将陷入停顿而无法组织实施。在展会的招展阶段,需要招展专员与参展商接洽商谈布展事宜,只有经过多次密切沟通,才能使参展企业如愿参展。在布展期间,展厅的协调事关展会的成败,这离不开会展从业人员掌控全局的能力。另外,展会现场人流密集,突发事件不可避免,如何第一时间做出有效处理是会展从业人员必须面对的问题,这对会展从业人员沟通协调、掌控全局的能力提出了更高的要求。

(四) 企业加强人力资源管理

会展企业自身也承担着会展人才培养的责任,如企业内部培训等。当前,大量的会展企业在企业文化建设方面较为薄弱,企业缺少自身特色文化,表现为员工观念与企业文化脱节。企业文化灵魂的缺失,进而影响相关展会品牌的塑造,这也是目前广东乃至全国会展业存在同质化发展、"搭车办展"等行业乱象的内在原因。

1. 明确管理目标共识

管理目标是人力资源控制的重要环节。首先,确保会展企业员工做到在目标、思想、规则、行动等方面的协调统一,根据目标进行有效的战略规划与战略部署,开展系列工作;其次,设计管理目标时可以引进科学的竞争机制,提高员工的工作积极性,进而提升企业效益;最后,对企业领导层而言,管理目标是整个组织活动的行为准则,制定有效的目标实现计划,从而达到利润最大化的管理目标。

2. 健全有效激励机制

会展经济日益复杂,在此环境下,会展企业要想实现突围就必须重视和制定战略,而战略的制定和实施需要依赖人来完成,能否获得人力资源优势是会展企业生存和发展的根本所在。企业必须突破传统思想的束缚,坚持以人为本,根据经济环境的变化,扮演好帮助、指导的角色,帮助员工充分实现其自我激励和外部激励的统一,刺激员工工作积极性,从而促进企业与员工共同发展与进步。

3. 完善内部培训制度

目前,会展业从业人员整体综合素质不高,部分会展企业的员工存在"不求有功、但求无过"的工作心态,对其他员工产生了消极的影响。为提高员工工作的积极性,会展企业需要不断探索开发培训项目,聘请专业的培训讲师担任项目主管,采用现代化、与国际会展行业接轨的企业经营理念管理员工,并采用渐进的方式开展对员工的培训工作。为达到此目标,会展企业主要采用岗前培训与在职培训、外部培训与内部培训相结合、共性化和个性化相统一的培训措施。

4. 推动企业文化建设

企业文化建设对外能够帮助企业塑造品牌、强化品牌形象、提升品牌价值,对内可以增加企业的凝聚力、向心力和员工的动力。因此,一方面,会展企业需要"由内而外"地强化企业文化建设,从内部员工开始,基于物质激励和精神激励增强员工对企业的归属感和自豪感,从而在员工之间形成统一的企业文化和价值观。另一方面,会展企业需要将内部企业文化外部化,提炼转化成企业品牌内涵与品牌精神,以其指导企业的会展项目运营与管理,最终实现企业文化与展会文化的统一,形成会展企业的核心竞争力。

第二节 提高会展企业管理水平

会展企业是区域会展业发展的重要细胞,会展企业运营与管理的能力将直接影响会展业发展的整体水平。因此,会展企业的综合管理水平是会展业智慧力的重要支撑,实现广东会展业的腾飞,要求进一步提高会展企业的现代化管理水平。

一、展会品牌的打造与营销

展会品牌是展会发展的重要的无形资产,特别是在会展业发展竞争异常激烈的今天,品牌的打造对于城市会展业的可持续发展至关重要。

目前,我国会展主办方层次结构呈现多元化格局,包括会展公司、行业组织以及少量政府相关部门、媒体等。政府职能转变,从主办方的位置中退出,而各个行业组织也逐渐将行业专业展会的实际承办工作交由专业会展公司执行。这种"让专业的人做专业的事"的总体发展趋势有利于激发会展行业的市场活力。

广东会展业市场化发展水平较高,会展企业发展起步较早、数量庞大,但就行业整体而言,企业规模较小,行业分布松散。相应地,尽管广东的展会数量多,但在展会培育和发展速度上仍显欠缺。

所谓"酒香也怕巷子深",尽管广东目前不乏高质量、高水平的展会项目与会展企业,但是广东企业务实做事的态度往往使其缺乏自身品牌形象塑造的意识,以及忽略国际权威认证对品牌形象强化的重要性。事实上,品牌展会的打造,不但能提升展会的无形资产,而且还能够带领一个会展企业乃至一个城市的会展业到达更广阔的舞台,促进行业的长足发展。所以,广东未来会展品牌的提升需要与国际接轨,构建城市会展品牌体系,广东本土展会项目和会展企业需要进一步加强品牌意识,联合会展从业人员、行业组织、专家以及政府相关部门等不同层面对广东会展名片进行打造。

二、组展管理的质量和视野

早期我国会展业大多以政府为主导,特殊的时代背景使早期的展会不以营利为目的，因此只有政府才能够高效地调动全社会的资源支持展会的举办。而随着我国政治经济改革的不断深化，会展业不再局限于"办一个展会""办一个活动"，它的外延不断扩大，涉及的行业也越来越多，各类会展企业亦应运而生。

相较于国外会展业，我国现代会展行业起步相对较晚。目前，广东的展会项目可谓琳琅满目，众多会展企业都希望在会展大潮中分一杯羹。然而，民营会展企业作为行业的主力，总体规模较小，企业服务管理体系尚未形成，整体竞争能力相对薄弱，往往容易受市场环境的影响而出现"搭便车"甚至骗展的行为。需要特别指出的是，目前会展调研在会展行业中使用率偏低，仍处于初步发展阶段，调查方法的科学性、调查数据处理的合理性有待提高，导致展会在题材的选定上具有一定随意性，办展决策缺乏科学的论证，这也是我国展会缺乏可持续性和品牌生命力的内在原因。此外，在实际办展过程中，组展方工作人员的业务素质以及服务理念亦需进一步加强。

会展行业的市场化发展不可避免地带来会展企业之间的市场竞争。近年来，会展行业的竞争逐渐发展成为不同会展巨头之间的集团化竞争。良性的市场竞争是行业市场化的重要表现，也是提升行业整体水平的重要方式，在这一过程中，政府及行业组织需要正确引导行业竞争，并对竞争行为进行规范管理，使其向健康、良性的方向发展。

未来，一方面，会展企业需要积极引进国外先进的会展管理体系，不断开阔管理视野，提高组展的效率和水平，包括通过有效的市场调研做好展会的市场定位与预测，减少"搭车"办展的行为。另一方面，需要加强会展从业人员的服务理念，将服务理念内化到企业文化和员工日常工作的细节中，建立展会全流程服务指引。同时，政府及行业协会要协调好不同办展主体的均衡性，通过行业规定、政策引导等多种方式引导企业差异化发展，争取做到不重复办展、不扎堆办展，培育属于城市自身特有的品牌展会，促进会展行业的整体提升。

三、企业品牌的建设与塑造

受全球会展市场东移以及经济全球化整体趋势的影响，我国会展市场全球化发展趋势明显。特别是共建"一带一路"倡议为广东会展业带来独特机遇，面对进入会展业的国外资本，各地政府一方面需要抱有开放的态度，积极引导会展行业吸收世界会展品牌先进的管理模式与经营理念，另一方面也需要加强本土会展品牌的培育与保护，使其汲取国际会展业土壤中的养分。

回顾广东会展企业的品牌建设之路，尽管发展历史悠久，广州、深圳等城市会展业发展情况在全国备受瞩目，但广东会展企业的品牌发展之路却不尽如人意，与北京、上海、香港等典型会展城市相比，UFI成员数量较少，这将成为制约广东会展业发展后劲的重要因素。

任何行业的发展都需要有一批精锐的领导型企业作为引领，广东会展业也是如此。因此，广东会展企业除需要提升自身管理水平和服务质量，练好"内功"外，还应该重视自身品牌的塑造，包括提升人力资源专业性、提高展会质量、加强企业文化建设等。同时，鉴于展会活动具有一定的时间性，为会展企业的客户关系维护带来了一定压力。因此，会展企业亦需要关注展前及展后的客户关系管理，在与客户的日常联系中传递企业的品牌形象和文化理念，更多地考虑客户的需求，使客户保持对企业的新鲜度与忠诚度，以便企业在会展国际化的浪潮中始终站在行业的前列。

第三节　打造智慧会展系统

当前，互联网与移动互联网迅速普及与发展，虚拟现实技术和人工智能技术日臻成熟，而广东作为我国改革开放的先行地区和前沿阵地，其科技推进的速度之快、推广普及的应用效率之高,为广东会展业的创新发展和价值提升提供了可借之力,有助于打破会展业传统意义上线下的时空局限,有助于实现会展业信息化的转型升级,最终形成广东会展业第三次腾飞的智慧力支撑条件。

作为现代服务业的重要组成部分,基于"互联网+会展"诞生的网络型会展正极大地助力会展业经济提速。信息技术的发展重构了商业价值,变革了服务边界,提高了服务效率和质量,从而开创了广东会展业发展新局面,实现了会展业的升级——"线上+线下"的双线会展模式。"互联网+"正在促使会展业向平台化、数据化、智能化发展。

对于具体的会展企业而言,推进智慧会展系统建设,需要广东会展企业实现项目组织管理信息化、企业经营服务信息化、展览活动展示信息化,实现对人才进行培训与管理,推动展会项目或会展企业的科技化、标准化、数字化和信息化的运营管理,最终提升广东会展业的整体运行效率。

一、"互联网+"再造传统会展业

在会展行业,近年兴起的"互联网+"有着不可估量的前景。"互联网+"在实现信息共享、促进供需匹配和重塑多方体验方面都能发挥积极作用。近年来,"O2O"(Online to Offline)的概念在现代会展业中崭露头角,网络会展的兴起,对传统的会展业造成了冲击,互联网对传统行业的冲击是全方位的,包括工业展、电子展、服装展、车展、房展等传统展会,都开始在线上展出。尽管如此,传统线下展会的实时性、可交流性等特征都是线上展会难以取代的,因此,"线下为主+线上为辅"的会展O2O新模式成为行业主流。

互联网化的运营思维与会展的本质内涵如出一辙,都有助于各个利益相关方在平台上实现扁平化交流与合作,实现多方资源、信息等的交换,最终实现多方利益的共享与共赢。相信随着"互联网+"思维的深入发展,会展业的具体实践将会迎来更多的新思路,从而实现改造传统会展业的目标。

【拓展阅读】

VR技术运用营造"沉浸式"参展体验

VR（虚拟现实）技术作为当前最新、最热的技术之一，在会展行业也大有用途。利用计算机系统生成的环境模拟系统，观众通过穿戴VR眼镜沉浸到虚拟现场环境中，实现交互式、三维动态的参展体验。目前，VR技术在会展业中的实际运用主要包括以下四个方面：

（1）会展+VR=产品展示。展会作为参展商展示产品的平台，由于场地空间限制往往不能展示所有产品。通过VR技术进行产品展示在现今的展会中应用最多。简单的几个二维码，通过移动设备的识别就能达到展示的效果。参展商甚至直接用VR设备为客户进行虚拟展示，这样既节省了展会成本又为观众提供了独一无二、印象深刻的产品体验。

（2）会展+VR=细节展示。VR技术的另外一个优势就是不但可以把产品展示出来，还可以对产品进行细节拆分，可以精细到产品的零部件，让观众和参展商更直观地了解产品的用料、工艺、组装手段等，省去了产品宣讲的环节，让观众更加生动形象、全面地了解产品的特性。

（3）会展+VR=工厂展示。参展商通过展会获取客户后，仍需要很多的沟通才能促成订单，必要时还须邀请客户到工厂实地考察。VR技术可以有效地弥补这点，它可以把参展商的工厂100%地还原出来，生产过程、工厂规模全部可以通过VR技术展现，从而使客户实现"参展一次、考察百家"的高效观展体验。

（4）会展+VR=虚拟展会。既然有了VR虚拟技术，未来展会将逐渐探索从实体走向虚拟，从线下走向线上的新组织形式。参展商及观众再也不用忙于奔波在各大展会，布展、接待、交流、跟进等都可以在线上实现。

未来随着VR技术的持续发展,相信将有越来越多的新技术投入到会展业的实践当中,使展会的举办效率、效益不断提升。

资料来源:叶照婷《会展与VR技术融合前景探讨》,载《科技风》2017年第8期,第1-2页。

二、"互联网+"实现商业模式创新

通过"互联网+会展"延伸传统会展,实现会展与电子商务的融合,推出会展移动应用平台和会展服务平台等,为广东会展业的商业模式创新、拓展经营思路带来新气象。

(一)"后向收费":会展经济新思维

传统的会展业注重"前向收费",即会展企业的主要盈利模式是通过在展会现场设置摊位、举办营销活动以实现盈利。传统的会展业思维往往将展会视为"一揽子"交易,这也是我国展会整体品牌建设观念薄弱、可持续性差的内在原因。

而在"互联网+"思维的影响之下,会展业应当转变其经营思维模式,通过构建更加广阔的平台,利用平台承载性和辐射性吸引更多的参展商和观众聚集到平台之上,通过对参展商和观众数据的收集、分析与挖掘,及时、有效地提供各个利益相关方所需信息,从而实现更深层次的平台价值。

(二)线上+线下:会展"O2O"新模式

会展行业的"O2O"新模式,强调线上服务和线下展会进行充分融合。尽管目前如微信这种超级社交平台已经成为人们工作与生活的重要部分,但它仍然难以完全取代面对面的社交,在商务贸易领域同样如此。观众"眼见为实"的心理需求依然旺盛,观众和参展商依然需要线下展会为其提供面对面的人际交流、实物触摸、看样成交、联络感情等机会。

因此,线上线下高度融合的"O2O"新模式将成为我国会展产业升级的必由之路。线上讲流量,线下讲场景。追求现场参观人数的同时,发现观众的根本性需求才是关键点,"互联网+"会展的必然趋势是建设一个线上会展服务平台,将云计算、大数据和移动互联网技术与线下展会合二为一,把线下参展的观众导入到线上,使其持续地关注并参与互动,为组展方和参展商进行数据挖掘分析提供基础。

阿里巴巴集团创始人马云在2017年杭州云栖大会上说,"计算是生产力,数据是生产资料,互联网是生产关系"。在"互联网+"时代,数据将成为会展行业的核心要素之一,会展企业需要破除各自为政的思想观念,将尽可能多的数据集中并实现连接,以发掘重要的商业价值。

三、"互联网+"提升行业服务水平

智慧会展的核心是以数据为驱动,提供一个开放平台,改变供方和需方相互交流的方式,高效利用资源,节约成本,改进会展服务模式。智慧会展通过互联网服务平台,建立了一个高效、专业的信息发布与服务中心,不仅方便组展方提供智慧化的会展设施服务,更能够提供参展信息的推送及沉淀,提取参展商最常用的数据,为供需双方提供一站式会展服务,使得线上线下的展会同步,使展会结果更成功。

(一) 建设企业内部管理信息平台

在高度竞争的信息时代求得生存和发展,会展企业首先应该加快企业内部的信息化进程,提高会展企业自身办公自动化和管理信息化水平,建设内部管理信息平台。建立全面、可靠的会展管理信息系统,包括 CRM (客户关系管理)、ERP (企业资源计划)、OA (协作办公自动化)、SCM

(供应链管理)、WORKFLOW（工作流管理）等子系统。建设会展管理信息系统，目的在于构建一个以会展服务为核心业务和主导的企业管理平台，会展企业利用信息技术实现其内部办公和管理上的信息化，从而实现会展活动的高效运作、营销功能的拓展。

（二）建设会展信息管理平台

近十几年来，我国会展业取得了突飞猛进的发展，从硬件到软件，整个会展产业链的上、中、下游都有显著的改善。然而，会展的统计、评估发展的相对缓慢，是一块短板。会展评估工作往往通过无形的产品有形化，定性要素定量化来进行比对、分析和认可。会展信息化建设的成果正是会展评估的重要参数，会展信息化是会展评估的重要方法和途径。随着互联网社会的到来，特别是大数据技术的应用，使会展业的数据收集、处理、分析和应用成为可能。会展业大数据分析，对于展会预测、展会评估等具有重要意义，可以为会展企业科学决策提供信息保障。

（三）建设立体展会服务系统

智慧会展以"互联网＋"为基础，运用信息和通信技术手段，收集、分析、整合会展行业的各类信息，对展会项目进行立项实施，通过新媒体、网络、移动平台等渠道对展会进行营销和推广。通过"互联网＋"驱动，对包括策展、组展、场馆管理、设计和施工、服务和运营、公共安全、环保等在内的全产业链上的各种资源做出智能配置，对各种需求做出主动和全面响应的升级会展活动。

后 记

在编写本书的过程中,一幅历史的长卷在我面前悠悠展开。海上丝绸之路绵亘万里,延续千年,从历史走向未来。我不禁对广东会展业两千多年来源远流长的发展历史感到震撼,为改革开放 40 多年来收获的硕果感到自豪,更为新时代下广东会展业即将迎来的第三次腾飞感到振奋。

2019 年是总结会展业发展的"广东路径"的重要一年,亦是展望未来、构建会展行业国际发展生态圈的关键一年。回顾发展历程,广东会展业以敢为人先的勇气和魄力,第一次走出国门参加世界博览会;同时,广东也是有"中国第一展"之称的广交会的孕育之地,这都使广东会展业具有其研究的典型性、独特性和借鉴性意义。乘势而上、顺势而为,广东会展业的未来已来。因此,本人希望在中华人民共和国成立 70 周年之际,探寻广东会展业发展之路,寻找共建"一带一路"背景下构建国际会展合作共同体的可能性与时代动力,并提出实现广东会展业第三次腾飞的行动保障。

本书是多方智慧和心血的结晶,感谢我的研究课题组成员对本书做出的贡献。其中特别感谢执行策划黄诗卉女士参与本书框架探讨以及部分重点章节的构思和写作;感谢任璐延女士、我的研究生张阳阳同学,以及 2015 级会展经济与管理专业本科生孟丽华同学参与前期资料搜集;感谢我的研究生徐思琪同学,以及 2019 级旅游管理专业研究生朱靓怡、刘娴娴同学,2016 级会展经济与管理专业本科生苏洁銮同学参与文字校对。特别感谢金继伟编辑等中山大学出版社同仁!他们认真仔细、严谨专业的工作，才使本书得以顺利出版。

　　本书在编写过程中翻查和引用了大量广东会展业的图文史料及专家研究成果，虽已尽量在资料来源、脚注中详尽列出，但仍恐有遗漏；若此，则深表歉意。书稿的完成并不是结束，而是实践的开始，尚有许多不足，特求教于方家。